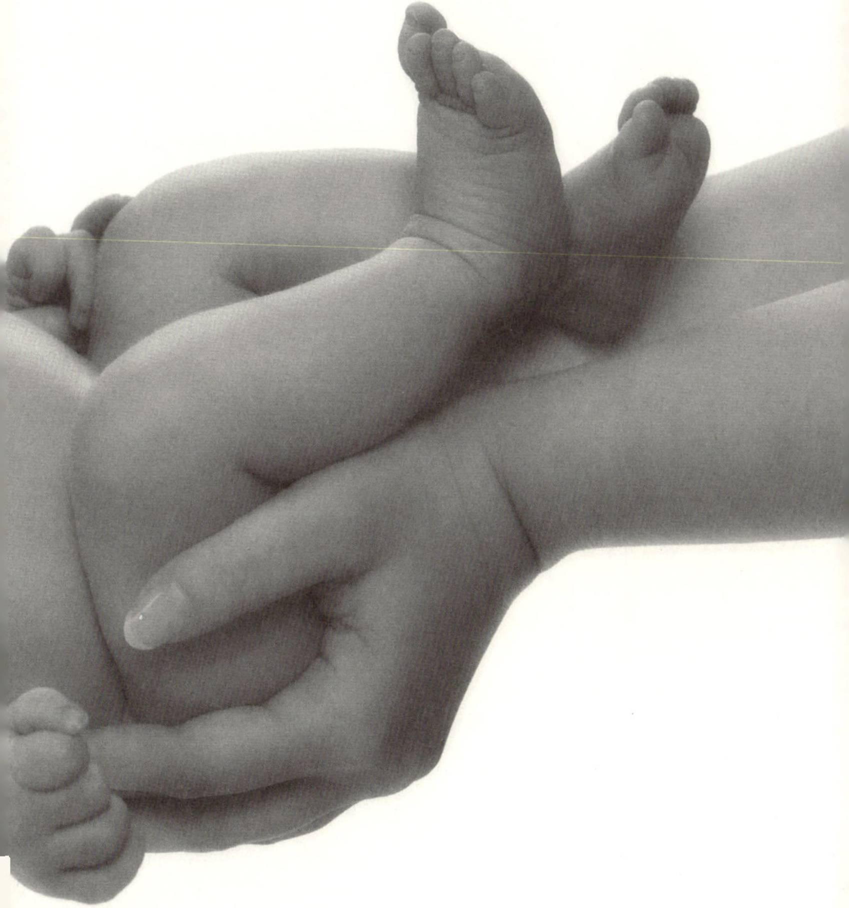

ANNE-EV USTORF

Allererste Liebe

Wie Babys Glück und Gesundheit lernen

Klett-Cotta

Abbildungsnachweis

S. 17: fotolia.de/ © mathom
S. 41: fotolia.de/ © Ana Blazic Pavlovic
S. 91: fotolia.de/ © tompet80
S. 105: fotolia.de / © tompet80
S. 149: fotolia.de / © drubig-photo
S. 169: fotolia.de / © tompet80
S. 183: fotolia.de / © Subbotina Anna
Vorsatz: fotolia.de / © Günter Menzl

Klett-Cotta
www.klett-cotta.de

Printed in Germany
Schutzumschlag: Rothfos & Gabler, Hamburg
Unter Verwendung eines Fotos von kemai/photocase.com
Gesetzt von Elstersatz, Wildflecken
Gedruckt und gebunden von GGP Media GmbH, Pößneck

ISBN 978-3-608-94713-7

Bibliografische Information der Deutschen Nationalbibliothek
Die Deutsche Nationalbibliothek verzeichnet diese Publikation in der Deutschen Nationalbibliografie; detaillierte bibliografische Daten sind im Internet über <http://dnb.d-nb.de> abrufbar.

Inhalt

Vom kleinen Tyrannen zum Leistungsträger: Verunsicherte Eltern und verunsicherte Kinder. Eine Einleitung

Kinder großzuziehen ist nicht leicht. Diese Erfahrung ist uralt. Bereits der griechische Philosoph Sokrates echauffierte sich vierhundert Jahre vor Christus über die ungezogenen Sprösslinge seiner Zeit. »Die Kinder von heute sind Tyrannen«, beschwerte sich der Vater dreier Kinder. »Sie widersprechen ihren Eltern, kleckern mit dem Essen und ärgern ihre Lehrer.« Und auch heute beschert der Nachwuchs vielen Eltern noch schlaflose Nächte. Doch wo Sokrates früher Entrüstung verspürte, leiden die Eltern von heute an Schuldgefühlen. Die Angst, den Kindern durch mangelnde Förderung oder erzieherisches Unvermögen den Start in ein gelungenes Leben zu vermasseln, ist groß. Eltern grübeln: Sollte die kleine Tochter doch lieber zweisprachig erzogen werden? Können die lebhaften Söhne später in der Schule mithalten? Hat der Große womöglich ADHS? Sind die Wutanfälle der Ältesten noch normal? Eine grundlegende Verunsicherung scheint viele Familien im Griff zu haben.

Doch diese Verunsicherung ist nichts Neues. Gerade in Deutschland hat sie eine besonders lange Tradition. Mit Beginn der Verwissenschaftlichung der Kindheit im späten 19. Jahrhundert – Bakterien! Infektionen! Ernährung! – fingen deutsche Eltern an, sich in der Erziehung ihrer Kinder zunehmend als »unwissend« zu betrachten. Lieber verließen sie sich fortan auf die Ratschläge von Experten, um ihre Kinder angemessen großzuziehen.

Im Nationalsozialismus erfuhr diese Abwertung elterlicher Erziehungskompetenz einen weiteren entscheidenden Schub. Die Nationalsozialisten bemühten sich, den Aufbau einer liebevollen Bindung zwischen Eltern und Kindern gänzlich zu untergraben. Schließlich hatte Hitler Besonderes vor mit den deutschen Kindern. »In meinen Ordensburgen wird eine Jugend heranwachsen, vor der sich die Welt erschrecken wird«, soll Hitler bereits 1932 in einer Rede in Neustadt an der Weinstraße erklärt haben. »Eine gewalttätige, herrische, unerschrockene, grausame Jugend will ich. Jugend muss das alles sein. Schmerzen muss sie ertragen. Es darf nichts Schwaches und Zärtliches an ihr sein«.[1] Um einer Verzärtelung kleiner Kinder frühzeitig entgegenzuwirken und die kleinen »Tyrannen« stattdessen zu kollektiv denkenden und gehorsamen Volksgenossen zu formen, organisierten die Nationalsozialisten sogar spezielle »Mütterschulungskurse«.

Der 1934 veröffentlichte nationalsozialistische Elternratgeber »Die deutsche Mutter und ihr erstes Kind« der Ärztin Johanna Haarer sollte dabei helfen. »Fange ja nicht an, das Kind aus dem Bett herauszunehmen, es zu tragen, zu wiegen, zu fahren oder es auf dem Schoß zu halten, es gar zu stillen«, warnte Haarer die jungen Mütter. »Das Kind begreift unglaublich rasch. Nach kurzer Zeit fordert es diese Beschäftigung mit ihm als ein Recht, gibt keine Ruhe mehr, bis es wieder getragen, gewiegt oder gefahren wird – und der kleine, aber unerbittliche Haustyrann ist fertig«.[2] Zum Teil überdauerten diese Prägungen sogar die Jahrzehnte. Trotz der in den späten 1960er Jahren einsetzenden antiautoritären Erziehung und der sogenannten Antipädagogik der 1970er Jahre hielt sich in vielen Schichten die Vorstellung, dass Eltern Anleitung bedürften und Kinder nicht verzärtelt werden sollten. Johanna Haarers Buch verkaufte sich in abgeänderter Form bis weit in die 1980er Jahre.

Deutschland kann also auf eine lange Tradition von gestrenger Ratgeberliteratur und angewandter Elternverunsicherung zurückblicken. Diese Tradition wirft noch immer Schatten. *Verwöhnung* oder *Disziplin*, das sind noch immer hochambivalente Begriffe für viele deutsche Mütter und Väter. Manch junge Eltern lassen noch heute ihr Baby nachts schreien, im Glauben, dass es von früh an nicht »verwöhnt« werden dürfe.

»Es gibt einige Anomalien in diesem Land, die erst allmählich ins Bewusstsein dringen«, beobachtet auch die Historikerin Miriam Gebhardt. »Dazu gehören die erst spät einsetzenden und bis heute internationalen Standards hinterherhinkenden adäquaten Schmerzbehandlungen bei Früh- und Neugeborenen; eine besonders schlechte psychosoziale Betreuung von Müttern und Kindern bei postnataler Depression und anderen Interaktionsproblemen im Säuglings- und Kleinkindalter; über viele Jahre eine erhöhte Säuglings- und Müttersterblichkeit im Vergleich mit anderen Industrienationen; und ein besonders hoher Anteil an Erwachsenen, die ausdrücklich keine Kinder wollen. All diese Probleme haben eine Schnittmenge: Die Haltung zum Kind und zum Kinderkriegen«.[3]

Möglicherweise sind wir Deutschen im Umgang mit Kindern und Kindeserziehung noch immer belastet. Da verwundert es kaum, dass die Bundesrepublik bis dato einer der absatzstärksten Märkte für Elternratgeber ist. Das Bedürfnis nach Orientierung ist ungebrochen.

Mein Buch allerdings ist kein klassischer Elternratgeber. Es liefert keine Erziehungstipps und erklärt auch nicht die Hintergründe spezifisch kindlichen Verhaltens. Stattdessen will es die Wichtigkeit der ersten Jahre im Leben eines Kindes und speziell die Wichtigkeit der frühen Bindung zwischen Eltern und Kind in den Vordergrund stellen. Denn darin ist das Fundament späterer Lebenszufriedenheit zu finden: Wer Kindern schon in frühen Jahren eine sichere Basis vermittelt, hat den Grundstein für eine gute Entwicklung gelegt und kann der Zukunft seines Kindes mit Zuversicht entgegenblicken. Schließlich sind unsere ersten drei Lebensjahre die prägendsten. Denn in dieser Zeit ist die Plastizität des Gehirns am größten, alle Erfahrungen, die wir machen, verändern unmittelbar den Aufbau unseres Gehirns.

Besonders einflussreich ist dabei die frühe Bindungsbeziehung zwischen Mutter und Kind – oder Vater und Kind, falls dieser das Kind vorrangig betreut. Denn über die frühe Bindungsbeziehung erlernt das Kind emotionale und kognitive Schlüsselkompetenzen, die ausschlaggebend für den Rest seines Lebens sind. Je besser die frühe Bindung also gelingt, umso größer ist die Chance des Kindes, zu einem psychisch gesunden, stressresistenten, lernfähigen und zufriedenen Erwachsenen zu werden. »Auf einer guten und tragfähigen Bindung beruht die spätere Glücksfähigkeit eines Menschen«, erklärt auch der Münchner Frühpädagoge Hartmut Kasten, »dafür brauchen Kinder Liebe, ungeteilte Zuwendung und ganz viel Zeit ihrer Eltern«.[4]

Der erste Teil des Buches widmet sich just dieser frühen Beziehung. Wie das *erste Kapitel* zeigt, beginnt die Bindung zwischen Mutter und Kind schon im Bauch. Bereits im Mutterleib entstehen die frühen emotionalen Grundstrukturen des Kindes im Austausch mit dem mütterlichen Organismus: Erste »Sollwerte« für das psychobiologische Stressmuster des Kindes werden angelegt. Vereinfacht gesagt führen gute Erfahrungen im Mutterleib dann zu einer vermehrten Bildung von Synapsen für Glück und Zufriedenheit.

Das *zweite Kapitel* beschreibt, wie sich diese Entwicklung in den frühen Lebensjahren fortsetzt. Über die Beziehung zur Bindungsperson – meist ist es weiterhin die Mutter – wird die Entwicklung der Gefühle beim Kind angelegt. Ist die Mutter feinfühlig genug, lernt das Kind, die eigenen Gefühle gut wahrzunehmen, zu kommunizieren und ein Stück weit zu steuern. Damit schafft die Mutter gute Voraussetzungen für die seelische Gesundheit ihres Kindes, denn diese frühen Bindungserfahrungen legen Spuren für spätere kognitive Fähigkeiten und vermögen selbst Krankheitsgene auszuknipsen.

Das *dritte Kapitel* erklärt, warum Eltern trotz dieser Verantwortung für die emotionale Entwicklung ihres Kindes dennoch keine erzieherische Perfektion an den Tag zu legen brauchen. Gelegentliche Dissonanzen zwischen Mutter und Kind sind wichtig, selbst Babys müssen schon ein Stück weit lernen, innere Spannungszustände wie Wut oder Traurigkeit auszuhalten. Was aber passiert, wenn kleine Kinder vorrangig schlechte Bindungserfahrungen machen, davon handelt das *vierte Kapitel.* Es beschreibt, wie Dispositionen für psychische Erkrankungen bisweilen schon in frühen Lebensjahren über die emotionale Kommunikation von der Bindungsperson an das Kind übertragen werden – »molekulare Erinnerungsspuren« nennen Forscher diese Prägungen.

Der zweite Teil des Buches versucht dann, die gewonnenen Erkenntnisse auf unseren Alltag zu übertragen. Wenn Bindung in den frühen Lebensjahren so wichtig ist – wie decken sich die kindlichen Bindungsbedürfnisse dann mit den Lebensrealitäten vieler Familien in unserer Gesellschaft? Kann man bereits Kleinkinder guten Gewissens in Kitas geben? Und wenn ja, was muss »Fremdbetreuung« in den ersten Lebensjahren leisten? Dieser Frage geht das *fünfte Kapitel* nach.

Das *sechste Kapitel* widmet sich dann der vielbeschriebenen Förderwut moderner Eltern: Mini-Mozart, Baby-Yoga und Englisch für Kleinkinder. Warum es nichts nützt, kleine Kinder in Frühförderung zu stecken, sondern in diesem jungen Alter vor allem innerhalb der liebevollen Bindungsbeziehung gelernt wird, soll hier beleuchtet werden.

Im *siebten Kapitel* schließlich springen wir vom Kinder- ins Erwachsenenleben. Wir wollen schauen, wie sehr unsere frühen Bindungserfahrungen noch in unsere erwachsenen Partnerschaften hineinwirken – und wie wir Bindungsmuster innerhalb dieser Beziehungen umlernen können. Denn die gute Nachricht ist: Unser Bindungssystem ist flexibel. Glücklicherweise gibt es im Erwachsenenalter also durchaus Chancen zum Nachholen und Nachreifen.

Viele Experten aus der Bindungsforschung, der Psychoanalyse und der Hirnforschung kommen in diesem Buch zu Wort. Sie alle haben in den letzten Jahren wichtige, sogar bahnbrechende Aufsätze und Bücher über die frühkindliche emotionale Entwicklung veröffentlicht. Für fachfremde Leser sind diese wissenschaftlichen Publikationen bisweilen aber schwer zugänglich. Und das ist schade. Denn die Erkenntnisse der Bindungs- und Hirnforschung sollten doch vor allem jenen Menschen zur Verfügung stehen, die an der Quelle sitzen. Sprich: jenen Menschen, die selbst Eltern kleiner Kinder sind oder täglich mit kleinen Kindern arbeiten.

Gerade junge Eltern können durch ihre Zuwendung den größten Einfluss auf die gesunde emotionale und kognitive Entwicklung ihrer Kinder nehmen, können also die beste Prävention betreiben. Mein Buch möchte diese Lücke schließen und Eltern darin bestärken, sich wieder ganz auf ihre »Kernkompetenzen« zu konzentrieren – nämlich auf ihre Zeit, Zuwendung und Zuverlässigkeit. Alles andere ist unnötig. Denn Kinder kommen weder als Tyrannen auf die Welt, noch benötigen sie für ihre Entwicklung Baby-Englisch oder musikalische Früherziehung. Allein die Liebe zwischen Eltern und Kind ist das beste Rüstzeug für ein gelingendes Leben. Selbst wenn den Söhnen und Töchtern dann später in der Pubertät und Jugend der heftigste Sturm um die Ohren pfeift – die Eltern können gewiss sein: Das Fundament steht.

1

Die Entstehung emotionaler Grundstrukturen

Warum die Schwangerschaft eine prägende Zeit für das Gefühlsleben des Kindes ist

»Jedem Anfang wohnt ein Zauber inne, der uns beschützt und der uns hilft zu leben«, schrieb Hermann Hesse in seinem Altersgedicht »Stufen«. Es gibt wohl kaum einen größeren Zauber im Leben als die Entstehung eines Kindes. Nichts ist unvorstellbarer und doch realer, als einen 14 Wochen alten Fötus auf dem Bildschirm eines Ultraschallgeräts zu beobachten und einen Monat später leise Tritte im Bauch zu spüren. Auch die vielen Errungenschaften der Pränatalmedizin und die modernen Verfahren der künstlichen Befruchtung ändern nichts an dieser Faszination. Kein Wunder also, dass die vierzig Wochen Schwangerschaft eine turbulente Zeit für Mutter und Kind sind: Für die Mutter, weil das Heranwachsen eines neuen Lebewesens in ihrem Bauch mit zahlreichen körperlichen Veränderungen und Gefühlen von Aufregung und Vorfreude verbunden ist, für das Kind, weil es sich innerhalb kürzester Zeit von einem beinahe gewichtslosen Zellwesen in einen gut drei Kilogramm schweren kleinen Menschen entwickelt.

Doch schon im Bauch beginnt die Bindung zwischen Mutter und Kind. Viele Schwangere spüren intuitiv, dass der heranwachsende Mensch im Bauch von Anfang an eine eigene kleine Persönlichkeit ist, die auf Umweltreize unterschiedlich stark reagiert. Und dementsprechend kommunizieren sie mit ihrem Kind: Sie sprechen mit ihm, singen ihm vor, streicheln ihren Bauch, schützen ihr Ungeborenes vor schädlichen Einflüssen wie Zigarettenrauch oder vor ängstigenden Eindrücken wie starkem Lärm. Damit tun sie intuitiv das Richtige. Denn schon im Mutterleib steht das Kind im engen Austausch mit seiner Umgebung und nimmt vieles wahr; anfangs nur über die psychobiologische Verbindung zum Körper der Mutter, später sogar über die sich entwickelnden eigenen Sinnesorgane. Dabei erfährt das Kind starke Prägungen in seiner Tiefenemotionalität, also dem sich entwickelnden Gefühlsleben.

Bereits diese ersten Gefühlserfahrungen schreiben sich in das schnell wachsende Gehirn des Fötus ein. Zu dieser Zeit ist die Neuroplastizität – also die Veränderbarkeit der Nervenzellen – des menschlichen Gehirns am allergrößten. Anders gesagt: Gute Erfahrungen im Mutterleib führen zu einer vermehrten Bildung von Synapsen für Glück und Zufriedenheit, belastende Erfahrungen im Mutterleib stellen einen Risikofaktor für spätere psychische Erkrankungen dar. Wie sich herausstellt, ist dabei vor allem die Bindungsbeziehung zur Mutter prägend. Denn das, was die Mutter fühlt, fühlt auch das Kind im Bauch. Die Elternliebe nimmt bereits im Bauch unmittelbaren Einfluss auf die Gefühlsentwicklung und den Gehirnaufbau des Kindes. Wie genau dies vor sich geht, wollen wir nun sehen.

Das Kind im Bauch: Vom unbekannten Objekt zum kompetenten Fötus

In den ersten Monaten einer Schwangerschaft kann die Mutter das Kind in ihrem Bauch noch nicht spüren. Durch die Schwangerschaftshormone mag ihr vielleicht übel sein, möglicherweise fühlt sie sich auch launischer oder weinerlicher als sonst, dennoch existiert in dieser Phase das Kind vor allem in ihrem Kopf. Erst ab der neunzehnten oder zwanzigsten Schwangerschaftswoche sind Kindsbewegungen zu spüren, manche früher, manche später.

Wann die Bewegungen bemerkt werden, hängt in erster Linie von der Lage der Plazenta ab. Sitzt sie an der Vorderwand des Uterus, federt sie die Bewegungen des Fötus ab und sorgt dafür, dass die Kindsbewegungen für die Mutter kaum spürbar sind. Liegt sie jedoch an der Rückwand, bemerkt die werdende Mutter die Kindsbewegungen schon recht früh. Meist ist das eine große Erleichterung. Nun erhält die Mutter endlich körperliche Rückmeldungen vom Kind und ein konkretes Gespür für das Befinden des Fötus. Vorher fällt das häufig schwer, Embryo und Fötus – bis zur dreizehnten Lebenswoche heißt das ungeborene Kind Embryo – bleiben abstrakt. Dabei tut sich im Verborgenen eine ganze Menge.

Neuen Erkenntnissen der Pränatalforschung zufolge kann schon der Embryo viel mehr als wir dachten. Heute weiß man zum Beispiel, dass sich die Strukturen und Funktionen eines Embryos nicht nacheinander herausbilden, sondern gleichzeitig zum Leben erwachen. Während sich die Struktur des Herzens herausbildet, beginnt es zu schlagen; während sich die Ärmchen herausbilden, führen sie bereits greifende Bewegungen aus. Der Embryologe Erich Blechschmidt findet: »Ein Mensch wird nicht Mensch, sondern ist Mensch und verhält sich von Anfang an als ein solcher. Und zwar in jeder Phase seiner Entwicklung von der Befruchtung an«.[5]

Auch das im Aufbau begriffene Nervensystem und somit psychische Gefüge des Embryos ist von Anfang an in regem Kontakt mit dem Umfeld und wird von äußeren Einflüssen geprägt. Wissenschaftler gehen mittlerweile davon aus, dass beim Embryo sogar psychische Funktionen in sehr rudimentärer Weise vorhanden sind. »Der Prozess der Körperbildung ist psychischer Ausdruck, ist menschliches Verhalten«, glaubt der holländische Embryologe Dr. Jaap van der Wal. »Aus dieser Perspektive ist es nicht ausgeschlossen, dass bereits der Embryo Erfahrungen macht und diese Erfahrungen zu tiefen Eindrücken führen können, seien es Narben, Schmerz oder Störungen, seien es Motive oder Fähigkeiten, die sich in späteren Lebenszyklen psychisch manifestieren können«.[6]

In der öffentlichen Wahrnehmung allerdings gilt der Embryo noch nicht als Mensch. Er hat im Gegensatz zum Fötus keine Rechte und darf auch ohne medizinische Notwendigkeit abgetrieben werden. Doch Embryologen und Reproduktionsmediziner diskutieren heute wieder zunehmend über den Zeitpunkt der definitiven Menschwerdung eines Ungeborenen.

Dabei ist es noch gar nicht lange her, dass selbst der Fötus als passives, von seiner Umgebung abgeschirmtes Individuum betrachtet wurde. Als unbekanntes Wesen also, das sich streng nach Bauplan im Mutterleib entwickelt, unbeirrt von äußeren Einflüssen oder Stimmungen der Mutter. Bis in die späten 1960er Jahre wurde dem Fötus sogar ein eigenes Schmerzempfinden abgesprochen, Operationen bei Ungeborenen und Säuglingen erfolgten in der Regel ohne Narkose. Sogar im Jahr 1985 operierten Ärzte noch ohne Schmerzmittel an vermeintlich »gefühllosen« Frühchen, berichtete der Neonatologe Gerhard Jorch im September 2011 in der Süddeutschen Zeitung.[7]

Doch heute weiß man, dass Föten mindestens ab der 20. Woche über Schmerzrezeptoren verfügen. Denn um diesen Zeitpunkt herum beginnen Frühgeborene, mimisch und mit Abwehr auf Schmerzen zu reagieren. Auch ihre Herzfrequenz und ihr Blutdruck steigen dabei. Erst in den 1970er Jahren, also deutlich später als in vielen anderen europäischen Ländern, fand in Deutschland eine Humanisierung im Umgang mit dem ungeborenen und neugeborenen Kind statt. Föten und Neugeborene erhielten vor Operationen Narkosen, und Schritt für Schritt wurde auch die rein medizinisch und pflegerische Betreuung von Mutter und Säugling ersetzt durch einen beziehungsorientierten Umgang mit Schwangerschaft und Geburt. Zum Glück müssen Frauen ihre Kinder heute also nicht mehr in großen gekachelten Gemeinschaftskreißsälen zur Welt bringen, sondern dürfen in freundlichen Einzelzimmern entbinden. Sie können ihr Kind nach der Geburt bei sich behalten, anstatt es – wie noch in den 1960er Jahren – zehn Tage lang der Säuglingsstation überlassen zu müssen. Viele Frauen entbinden sogar ambulant und dürfen ihr Kind gleich mit nach Hause nehmen.

All diese Entwicklungen sind Erkenntnissen der Pränatalpsychologie, der Hirnforschung, der Gynäkologie und Kinderheilkunde geschuldet, die besagen, dass der frühe Kontakt zwischen Säugling und Eltern immens wichtig ist und jegliche Form von Trennung vermieden werden sollte, um die schon im Bauch aufgenommene Bindungsbeziehung zwischen Eltern und Kind nicht zu unterbrechen.

Denn bereits das ungeborene Kind steht von Anfang an in einem starken Austausch mit seiner Umwelt. Es nimmt viel mehr wahr, als wir denken. Und manchmal ist es uns trotz seiner Unreife gar nicht so unähnlich.

Der Neurobiologe Gerald Hüther und die Psychotherapeutin Inge Krens beobachteten für ihr faszinierendes Buch »Das Geheimnis der ersten neun Monate« mit Hilfe der Ultraschalltechnik einen sechs Monate alten Fötus und entdeckten bei dem Kind Verhaltensweisen, die wir auch von uns kennen: »Wenn ihm etwas nicht gefällt, tritt es vehement gegen die Gebärmutterwand, wenn es sich bedroht fühlt, verzieht es sich in die letzte Ecke. Es kann seine Stirn runzeln, sich die Augen reiben und sich bei einem lauten Geräusch erschreckt zusammenziehen. Manchmal hat es Schluckauf, muss gähnen, kratzt sich oder schluckt sichtbar Fruchtwasser«.[8]

Peter Hepper, Professor für Psychologie am Forschungszentrum für Fetales Verhalten an der Queens University in Belfast, fand heraus, dass der Fötus von Anfang an gezielt für das Leben »draußen« übt. Ab der zehnten Schwangerschaftswoche können Atembewegungen beim Embryo beobachtet werden, als Vorbereitung auf diese überlebenswichtige Funktion nach der Geburt. Ab der zwanzigsten Schwangerschaftswoche verfügt der Fötus über einen Hörsinn und reagiert mit motorischen Reaktionen auf auditorische Reize: Laute Geräusche führen bei ihm zu einer Schreckreaktion, leise Geräusche lösen eher eine orientierende Reaktion aus. Wenn der Fötus heranreift, vergrößert sich sein Hörbereich sogar – und er kann zwischen einfachen Sprachlauten wie »Biba« und »Babi« schon unterscheiden. All dies dient vermutlich in erster Linie dazu, die Stimme der Mutter gleich nach der Geburt erkennen zu können. Auch Geruchs- und Geschmackserfahrungen macht das Ungeborene bereits im Mutterleib – und »übt« somit, den Geruch seiner Mutter später wiedererkennen zu können.

Fazit: Der Fötus verfügt bereits im Mutterleib über ein Gedächtnis. »Indem er etwas über seine wichtigsten Bezugspersonen lernt, stellt der Fötus sicher, dass er bevorzugt auf den Menschen reagiert, der sich nach der Geburt mit größter Wahrscheinlichkeit um ihn kümmert«, erklärt Hepper. »Dieser Vorgang stellt wahrscheinlich auch den Beginn der Bindung dar«.[9] Wir können heute, in Anlehnung an den vom Säuglingsforscher Martin Dornes geprägten Begriff des »kompetenten Säuglings«, ohne Weiteres vom »kompetenten Fötus« sprechen.

Bindungsraum Mutterleib: Fühlen lernen im Bauch

Das ungeborene Kind richtet sein ganzes Bestreben von Anfang an auf Beziehung aus. Das ist überlebenswichtig, denn ohne die Bindung zur Mutter oder einem anderen Erwachsenen, der sich des Kindes annimmt, ist das Kind schnell verloren. Biologisch gesehen sind menschliche Nachkommen nämlich eigentlich Frühgeburten: Weil der kindliche Kopf aufgrund seines enormen Gehirns sehr groß ist, das weibliche Becken aber schmal sein muss, damit der Mensch aufrecht gehen kann, kommen Menschenkinder unreif und damit hochgradig abhängig zur Welt. Sie können sich noch nicht alleine fortbewegen und sind weit über das erste Jahr hinaus auf Nahrung, Pflege und Schutz durch die Mutter angewiesen. Um die Mütter in dieser anstrengenden Zeit bei Laune zu halten und ihre Zuwendung sicherzustellen, greifen schon Säuglinge ordentlich in die Trickkiste: Sie lächeln ihre Bezugspersonen an, glucksen und quietschen vor Freude und steuern damit ein Stück weit die Beziehung.

Im Bauch allerdings ist das Ungeborene der Mutter noch gänzlich »ausgeliefert«. Denn das, was im Körper der Mutter passiert, wirkt unweigerlich auch auf den Körper des Kindes. Über die Hormonausschüttung der Mutter, die Nabelschnur und die sich entwickelnden Sinnesorgane ist der Fötus an die Welt der Mutter angeschlossen, mit allen Vor- und Nachteilen. Ernährt sich die Mutter gut, entwickelt sich auch das Kind prächtig. Leidet die Mutter aber an Mangelernährung, kann das Kind im Erwachsenenalter chronische Krankheiten entwickeln.

Gerade aus den Kriegsjahren sind diesbezüglich viele Beispiele bekannt: Im Hungerwinter 1944/1945 etwa konnten sich die meisten Schwangeren in den Niederlanden nicht ausreichend ernähren – später erkrankten überdurchschnittlich viele ihrer Kinder an Diabetes. Doch auch mütterliche Blutdruckschwankungen, ansteigende Hormonspiegel oder Veränderungen des Blutzuckerspiegels kommen über die Kreislaufversorgung direkt beim Kind an.

Heute spricht viel dafür, dass nicht nur genetische Programme, sondern zum großen Teil auch die Einflüsse im Mutterleib für die physische und psychische Entwicklung des Kindes verantwortlich sind. Der Neurobiologe Gerald Hüther konnte zum Beispiel belegen, dass Mütter mit latenter Schwangerschaftsdiabetes ihre Erkrankung als Veranlagung an ihre ungeborenen Kinder weitergeben – und zwar nicht »über die Gene«, sondern über ihren schwankenden Blutzuckerspiegel. Die mütterlichen Blutzuckerschwankungen verhinderten nämlich, dass sich die hypothalamischen Zentren im Zwischenhirn der Kinder auf einen »Sollwert« einstellen konnten. Die Kinder wurden also mit einem hohen Risiko geboren, später im Leben fettleibig zu werden.

Doch nicht nur auf der körperlichen Ebene vermag das mütterliche Umfeld das ungeborene Kind zu prägen. Auch das Gefühlsleben der Mutter nimmt Einfluss auf den Fötus: Über die Nabelschnur, die eigenen Sinnesorgane, über physiologische Austauschprozesse und über das bewusste Verhalten der Mutter ihrem Kind gegenüber erhält der Fötus Informationen über die Befindlichkeit der Mutter. Erschrickt sich die Mutter, werden vermehrt Stresshormone wie Kortisol und Adrenalin ausgeschüttet und stimulieren im Fötus eine ähnliche physiologische Reaktion. Beruhigt sich die Mutter, entspannt sich auch das Ungeborene. Auch schöne Gefühle wie Freude und Zuversicht vermitteln sich dem ungeborenen Kind, etwa über die entsprechenden Hormonausschüttungen oder die emotionale Färbung der Stimme der Mutter, die der Fötus schon sehr früh wahrnimmt.

Das Ungeborene ist also eingebettet in das Gefühlsleben der Mutter und sammelt so bereits vor seiner Geburt Erfahrungen mit den unterschiedlichsten Gefühlszuständen. Inwieweit es bereits basale Gefühle wie Freude oder Angst empfinden kann, wissen wir natürlich nicht – aus der Hirnforschung ist jedoch bekannt, dass das Ungeborene entsprechend dieser Gefühlszustände im Gehirn gewisse Erregungsmuster ausbildet. »Genauso wie es Saugen, Atmen und die Beweglichkeit seiner Gelenke übt, übt es sich auch in das menschliche Gefühlsleben ein«, erklärt Gerald Hüther. »Eine Mutter, die sich also erlaubt, die ganze Palette menschlicher Gefühle in sich zu fühlen, und sie in erwachsener Weise für sich nutzt, fördert sozusagen auf ganz grundlegender Ebene die emotionale Entwicklung ihres ungeborenen Kindes«.[10]

Die Mutter liegt gemütlich auf dem Sofa und hört Klaviermusik von Bach. Sie fühlt sich wohl und freut sich auf das Kind, ihr Herz schlägt ruhig und gleichmäßig. Und auch dem 28 Wochen alten Kind im Bauch geht es nun sehr gut: Der Adrenalinspiegel im Blut der Mutter sinkt und die Plazenta schickt beruhigende Botenstoffe durch die Nabelschnur. Der Fötus wird nun überflutet von positiven Emotionen, sein Gefühlszustand ist untrennbar mit dem der Mutter verbunden.

Doch auch die äußere Umwelt bekommt das Kind nun schon sehr genau mit. Die ruhige Liegeposition der Mutter verleitet es vielleicht zu einem Nickerchen oder einer kleinen Turnstunde, schließlich kann sich der Fötus gerade jetzt nach Herzenslust bewegen. Und sogar die Musik kann eine starke Wirkung auf das Kind haben: Immer wieder berichten Menschen, dass sie Geräusche wiedererkennen, die sie vorgeburtlich vernommen haben.

Der kanadische Dirigent Boris Brott etwa entdeckte als junger Mann, dass er bestimmte Stücke kannte, ohne sie je zuvor bewusst gehört zu haben. Als er diesem Rätsel nachging, fand er heraus, dass seine Mutter, eine Cellistin, diese Stücke während der Schwangerschaft hartnäckig geübt hatte.

Die Erinnerungsfähigkeit gilt natürlich für alle Arten von Musik, sogar für die Melodie einer englischen Seifenoper: Neugeborene von Müttern, die während der Schwangerschaft täglich eine solche Sendung gesehen hatten, beruhigten sich sofort, sobald sie die Erkennungsmusik hörten. Wenn die Mutter Bachs Goldberg-Variationen also regelmäßig in einem Zustand der Entspannung hört, kann diese Musik beim Fötus und später beim Baby immer wieder unbewusst eine stark beruhigende Wirkung hervorrufen.

Auch die Gefühle der Mutter dem ungeborenen Kind gegenüber vermitteln sich dem Fötus anscheinend. Wie genau dies vor sich geht, kann niemand so recht erklären. Der ungarische Psychoanalytiker Jenö Raffai spricht in seinem Buch »Nabelschnur der Seele« von einem »vorgeburtlichen Bindungsraum«, wenn er die intuitive Kommunikation zwischen Mutter und ihrem ungeborenen Kind beschreibt.[11] Freue sich die werdende Mutter auf ihr Baby, so Raffai, dann verspüre auch das Ungeborene ein Gefühl des Gewollt-Seins. Je mehr der Bindungsraum zwischen Mutter und Fötus aber vernachlässigt werde – zum Beispiel, weil das Kind von der Mutter abgelehnt wird –, desto tragischere Folgen könne dies nach der Geburt für den Säugling haben.

Der Salzburger Entwicklungspsychologe Gerhard Rottmann bestätigt diese These. Er konnte nachweisen, dass Neugeborene umso belasteter waren, je ambivalenter und ablehnender sich die Mütter in Bezug auf ihr ungeborenes Kind verhalten hatten: Bei den Babys von Müttern, die ihr Kind bewusst oder unbewusst abgelehnt hatten, wurden in der ersten 48 Stunden ihres Lebens Symptome des so genannten Kipp-Syndroms beobachtet, bei dem sich kontinuierliches Weinen und apathisches Verhalten des Babys abwechseln.[12]

Auch eine »intrauterine Bindungsleere« als Folge einer Schwangerschaftsverleugnung kann dem Kind großen Schaden zufügen: Ein Forscherteam des Universitätskrankenhauses Innsbruck untersuchte 27 Frauen, die erst beim Eintreten der Wehen merkten, dass sie schwanger waren. Von den 27 Kindern wurden vier tot geboren, ein Kind starb bei der Geburt, drei Kinder kamen als extreme Frühgeburten zur Welt und eines war stark entwicklungsverzögert.[13] »Mütter richten am Kind den größten Schaden an, wenn sie es nicht zur Kenntnis nehmen«, glaubt Jenö Raffai. Pränatalpsychologen nennen die vorgeburtliche Beziehung zwischen Mutter und Kind also konsequenterweise die »erste Bindung« und betiteln Fehlentwicklungen in der vorgeburtlichen Mutter-Kind-Beziehung dementsprechend auch als »Bindungsstörungen«. Wie wir sehen werden, gibt es dennoch später im Leben viele Wege, frühe Belastungen aufzufangen.

Schlechte Startpositionen: Die Folgen von pränatalem Stress

Inwieweit die Gefühle der Mutter zu ihrem Kind im Bauch die zukünftige Entwicklung des Kindes zu prägen vermögen, ist in Studien nur schwer zu erfassen. Wesentlich besser zu erforschen hingegen sind die Auswirkungen von mütterlichem Stress auf den Fötus. Eine überwältigende Anzahl von Studien weist heute darauf hin, dass andauernder pränataler Stress der psychischen Gesundheit des ungeborenen Kindes langfristige Schäden zufügen kann.

Zwar wirkt die Plazenta wie ein Schutzwall gegenüber kurzzeitigen Belastungen wie einem stressigen Arbeitstag oder ein paar Stunden im Stau – doch wenn die Mutter unter starkem Dauerstress leidet, etwa aufgrund einer Trennung, einer psychischen Erkrankung oder existentieller finanzieller Probleme, dann können die Stresshormone Cortisol und Adrenalin diese Schranke überwinden und das Ungeborene überfluten. Der Fötus wächst dann mit einem ungewöhnlich hohen oder auch niedrigen Hormonspiegel heran und behält diesen auch nach der Geburt bei. »Molekulare Erinnerungsspuren« nennen Forscher diese Prägungen.

Genau diese Erfahrung machten viele schwangere Frauen am 11. September 2001 in New York. Ein gutes Jahr nach den Terroranschlägen testete der britische Molekularbiologe Jonathan Seckl von der University of Edinburgh 38 posttraumatisch belastete Frauen und ihre Babys, um zu schauen, wie sich das Trauma von 9/11 während der Schwangerschaft auf die Kinder ausgewirkt hatte. Dabei stellte Seckl fest, dass viele dieser Kinder einen deutlich niedrigeren Cortisolspiegel als die meisten ihrer Altersgenossen hatten. »Womöglich haben die Mütter ihren veränderten Cortisolspiegel intrauterin an die Kinder weitergegeben«, vermutet Seckl.[14] Für die Kinder womöglich keine gute Nachricht: Molekulare Erinnerungsspuren in Form zu hoher oder zu niedriger Stresshormonspiegel können die Balance des Stresshormonsystems dauerhaft außer Kontrolle geraten lassen und übermäßige Erregbarkeit sowie kognitive und emotionale Beeinträchtigungen zur Folge haben. »Pränatal gestresste Babys ruhen oft nicht in sich und weinen viel«, weiß auch der Bremer Kinderpsychotherapeut Thomas Harms von der Schreiambulanz Bremen aus seiner täglichen Arbeit.

Wie genau diese Stresszustände von der Mutter auf den Fötus übertragen und in das Gehirn des Fötus »eingebrannt« werden, haben Tierversuche mit Ratten gezeigt. Föten von ruhigen und zufriedenen Rattenstämmen wurden in Leihmütter von gestressten und nervösen Rattenstämmen verpflanzt. Aus den genetisch ruhig veranlagten Rattenföten wurden nach der Geburt nervöse kleine Ratten. Statt »nature« (angeboren) hatte also »nurture« (anerzogen) die Oberhand gewonnen: Die jungen Ratten hatten nicht die ererbten Eigenschaften der biologischen Mütter übernommen, sondern die der Leihmütter. Der Grund: Die Gehirne der Rattenföten hatten schnell gelernt, sich an den fortdauernden Stresszustand der Leihmütter-Ratten anzupassen und diesen für sich selbst als Normalzustand zu akzeptieren. Mit dem Ergebnis, dass die Rattenföten zukünftig von diesem hohen Erregungsniveau abhängig blieben und ein normales Erregungsniveau – also einen Zustand der relativen Entspannung – bereits als Störung empfanden. Durch Hyperaktivität versuchten die kleinen Ratten stets, ihr als normal empfundenes hohes

Erregungsniveau wieder herzustellen. Noch im Erwachsenenalter hatten die gestressten Rattenbabys große Anpassungsprobleme.

Bei Menschenkindern funktioniert dies genauso. Auch menschlichen Föten wird auf nicht-genetischem Weg die mütterliche Stressreaktion übertragen.

Eine 28-jährige Schwangere führt eine schwierige Beziehung zum Vater ihres ungeborenen Kindes. Immer wieder gibt es lauten Streit, über den Alkoholkonsum des Vaters, über andere Frauen, über die zu kleine Wohnung. Wenn der Vater getrunken hat, schlägt er manchmal seine Partnerin, trotz der Schwangerschaft. Hinterher tut es ihm dann immer leid und die Frau gibt ihm – wieder – eine Chance.

Die Beziehung ist ein großer Stressfaktor im Leben der Schwangeren. Sie kann nicht gut schlafen, sorgt sich um die Zukunft, fühlt sich ungeschützt und alleine. Vor allem die unberechenbaren Gewaltausbrüche ihres Partners machen ihr Angst. Dieses Angstgefühl verspürt auch das Kind im Bauch sehr genau. Denn wenn die Mutter sich fürchtet, dann beginnt ihr Herz zu rasen und ihre Bauchdecke spannt sich an. Stresshormone werden ausgeschüttet und überfluten das Kind. Das Ungeborene erstarrt vor Schreck. Es verkoppelt außerdem das Brüllen des Vaters mit dem Zusammengedrückt-Werden im Mutterleib, mit dem Ergebnis, dass es nach der Geburt immer wieder in eine Schockstarre verfällt, wenn der Vater laut wird. Das Baby »friert« quasi alle Angstgefühle ein und stellt sich tot.

Innerlich, in seinem Körper, bleibt die Erregung aber vorhanden. Diese erlernte Angstreaktion wird es noch viele, viele Jahre begleiten. Möglicherweise reagiert das Baby später als Erwachsener mit körperlichen Symptomen oder

Schmerzen auf Angstgefühle, weil es diese nicht fühlen gelernt hat, sondern stets abspalten musste, um sein Überleben zu sichern.

Auch in Bezug auf die Persönlichkeit des Kindes können sich pränatale Stresserfahrungen noch später auswirken. Laut Hirnforscher Gerald Hüther hängen diese Prägungen von der Art des Stresses ab und davon, ob die vorgeburtlichen Stress-Einflüsse im fötalen Gehirn eher eine leichte Ausbreitung der Erregungsmuster fördern oder diese eher unterdrücken. Wird im Gehirn des Fötus eine leichte Erregbarkeit gefördert, reagiert das Kind später vermutlich sehr sensibel auf seine Umwelt, ist aber möglicherweise weniger neugierig und aufgeschlossen als seine Altersgenossen, weil ihm neue Erfahrungen schneller Angst machen. Wird im Gehirn des Fötus eher eine schwere Erregbarkeit gefördert, verringert sich beim Kind wahrscheinlich später die Fähigkeit zum emotionalen Ausdruck. Es ist dann weniger leicht aus der Ruhe zu bringen, aber auch weniger sensibel. Gerade bei den Kindern von depressiven und traurigen Müttern dürfte dies häufiger der Fall sein. Denn der biochemische Botenstoffmangel im Gehirn der Mutter und ihr »verflachter« Gefühlsausdruck schalten sich im Gehirn des Fötus gleich – so dass auch das Kind später weniger emotional auf seine Umwelt reagiert. Damit erhört sich für diese Kinder auch das Risiko, in Belastungssituationen später selbst an Depressionen zu erkranken.

Die amerikanische Psychologieprofessorin Brenda L. Lundy belegte in einer Studie, dass Neugeborene von Müttern, die im letzten Drittel der Schwangerschaft depressiv waren, bereits die gleichen physiologischen Marker – also DNA-Abschnitte – für Depressivität wie ihre Mütter zeigten:

nämlich erhöhte Cortisol-Level und niedrige Dopamin-Level.[15] Mittlerweile spricht vieles dafür, dass Veranlagungen, die bislang ausschließlich auf die Gene zurückgeführt wurden, in großen Teilen auch auf vorgeburtliche Umwelterfahrungen zurückzuführen sind.

Dennoch ist kein Kind seinen pränatalen Prägungen hilflos ausgeliefert. Die amerikanische Wissenschaftsautorin Annie Murphy Paul etwa glaubt, dass pränatale Prägungen zwar eine »generelle Richtung« für unser Leben anzeigen, den Lebensweg aber nicht vorzeichnen. »Wir können selbst entscheiden, welche Pfade wir beschreiten«, erklärt Murphy Paul in ihrem erfolgreichen Buch »Origins: How the Nine Months Before Birth Shape the Rest of Our Lives«, das im Herbst 2010 in den USA erschien. »Man kann das mit Wasser vergleichen, das flussabwärts strömt. Die vorgeburtlichen Einflüsse graben einen Kanal, durch den das Wasser schneller fließt. Trotzdem können Seitenströme ebenfalls Einfluss auf den Lauf des Wassers nehmen.«

Selbst wenn wir aufgrund unserer Anfälligkeit schneller in psychische Krisen rutschen, bekommen wir im Laufe unseres Lebens doch immer wieder die Chance, neue Wege einzuschlagen oder unser Leben so zu ändern, dass es uns besser geht. Wie sagte doch der weise Professor Dumbledore zu Harry Potter: »Es sind nicht unsere Talente, die den Ausschlag geben, sondern unsere Entscheidungen«.

Viele – wenn auch nicht alle – belastende pränatale Erfahrungen können in späteren Lebensphasen außerdem durch positive neue Erfahrungen »überschrieben« werden. Denn die Neuroplastizität unseres Gehirns erlaubt durch neue Beziehungs- und Lernerfahrungen immer wieder verblüffende Umgestaltungen.

Der amerikanische Psychoanalytiker und Hirnforscher Norman Doidge etwa zeigt in seinem bewegenden Buch »Neustart im Kopf«, dass bestimmte Gedanken und gezielte mentale Stimulationen sogar vermeintlich unveränderbare neurologische Erkrankungen heilen und Gen-Ausprägungen ein- und auszuschalten vermögen. Kaum zu glauben, aber wahr. Außerdem können pränatale Prägungen wie eine leichte Erregbarkeit oder eine schwere Erregbarkeit Menschen nicht nur zum Nachteil, sondern abhängig von ihren Lebensentwürfen auch zum Vorteil gereichen. Ein Mensch mit einer leichten Erregbarkeit eignet sich möglicherweise gut als Psychotherapeut, weil er mit entsprechendem Training die Emotionalität seine Patienten sensibler wahrnehmen kann. Ein Mensch mit einer schweren Erregbarkeit hingegen hat vielleicht das Zeug zum Chirurgen, weil er trotz der großen Verantwortung bei komplizierten Operationen einen kühlen Kopf bewahrt.

Schwierig wird es nur, wenn die Erregungsmuster zu stark verschoben sind und die betreffenden Kinder mit diesen Veranlagungen im Umfeld auf Unverständnis stoßen, so der Neurobiologe Hüther: »Dann freilich können sie in einen Teufelskreis aus Ablehnung, Zurückweisung, Misserfolgserfahrungen und Frustration geraten, der, je länger er anhält, desto bestimmender für die weitere Lebensbewältigung und damit auch für die weitere Strukturierung ihres Gehirns werden kann«. Damit verbunden ist meist ein großer Leidensdruck für die Kinder und deren Familien.

Vom glücklichen Fötus zum glücklichen Menschen: Prävention beginnt im Bauch

Die emotionale Lebenssituation der Mutter wirkt also unmittelbar und nachhaltig auf das ungeborene Kind. Dennoch gibt es in unserer Gesellschaft noch zu wenig Bereitschaft, sich auf die seelischen Konflikte von Schwangeren einzulassen. Die Annahme, dass eine werdende Mutter glücklich sein müsse, hält sich hartnäckig. Doch oft ist die Schwangerschaft auch eine Zeit der Ängste – schließlich steht mit der Geburt des Kindes eine Lebensveränderung bevor, die viel Ungewissheit bringt. Auch Erinnerungen an eigene belastende Kindheitserfahrungen werden durch die Schwangerschaft häufig aktiviert.

Die vielen hormonellen Veränderungen im Körper der werdenden Mutter ziehen eine zusätzliche Sensibilität für Stimmungstiefs nach sich: Schätzungen zufolge erleben 25 Prozent aller Frauen im Verlauf einer Schwangerschaft starken Stress oder Ängste – und 10 Prozent gar eine behandlungsbedürftige Depression. Mindestens ein Viertel aller in Deutschland geborenen Kinder kommt folglich mit einer Veranlagung für psychische Krankheiten oder emotional-kognitive Beeinträchtigungen auf die Welt.

Bei Frauen, die bereits zuvor psychosozial beeinträchtigt waren, ist die Chance, während der Schwangerschaft erneut emotionale Probleme zu entwickeln, gar dreimal so hoch – gerade diese Frauen müssten im Vorfeld intensiver betreut werden. Doch häufig bleiben betroffenen Frauen mit ihren seelischen Konflikten allein. Nicht selten ist die Scham darüber, in einer »so schönen Zeit« wie der Schwangerschaft todtraurig zu sein, so groß, dass viele Frauen keine Hilfe suchen. Und manchmal setzt sich die unbehandelte Krise nach der Entbindung fort und entwickelt sich zu einer handfesten postpartalen Depression.

Die Schauspielerin Brooke Shields beschrieb diesen schleichenden Prozess in ihrem Buch »Down Came the Rain«. Nach der Geburt ihrer ersten Tochter Rowan im Jahr 2003 habe sie das Baby nicht einmal anschauen können, sagte die 44-Jährige: »Ich wollte nur verschwinden und sterben«. In ihren dunkelsten Momenten habe sie gedacht, dass es ihr niemals besser gehen würde und ihre Tochter ohne sie besser dran wäre. Erst nach einer Psychotherapie und medikamentösen Therapie fand Shields wieder zu einer gesunden Gemütsverfassung zurück.

Trotz dieser Erkenntnisse ist die Schwangerenvorsorge in Deutschland heute noch nicht genug darauf ausgerichtet, psychosoziale Risikofaktoren zu erfassen. Nach wie vor kontrollieren die Vorsorgeuntersuchungen vor allem körperliche Risikofaktoren für die Entwicklung des Ungeborenen. Darin allerdings sind wir sehr gut: Deutschland verfügt derzeit über das weltweit straffste medizinische Schwangerschafts-Vorsorgeprogramm der Welt. Dass allerdings auch das psychische Wohlbefinden vieler werdender Mütter ein wichtiger Teil der Schwangerschaftsvorsorge sein sollte, konnten in den letzten Jahren viele Studien belegen. Denn psychische Belastungen in der Schwangerschaft wirken nicht nur auf die emotionale Entwicklung des Ungeborenen, sondern auch auf die Schwangerschaftsdauer, Körperentwicklung, den Geburtsverlauf und das Geburtsgewicht des Kindes.

Wissenschaftlerinnen aus Schweden und Bangladesh etwa stellten in einer umfassenden Untersuchung schwangerer Frauen aus Bangladesh im Jahr 2010 fest, dass die Kinder depressiver Mütter deutlich leichter waren als die Kinder seelisch gesunder Mütter.[16] Weshalb die Neugeborenen kleiner waren, konnten die Wissenschaftlerinnen nicht einwandfrei belegen, sie vermuteten allerdings, dass das verminderte Wachstum der Föten zum einen eine Auswirkung der mütterlichen Stresshormone war und zum anderen eine Folge des niedergeschlagenen Gemütszustands der Mütter, der es den Frauen schwer machte, sich angemessen um das Baby in ihrem Bauch zu kümmern. Auch die Appetitlosigkeit, ein häufiges Symptom bei Depressionen, mag zum verringerten Geburtsgewicht beigetragen haben. Und selbst auf die Geburt scheinen sich die psychischen Zustände der Mütter auszuwirken.

»Biomedizinische Risikofaktoren erklären nur die Hälfte aller ungünstigen Geburtsausgänge«, schreibt der Psychologe Harald Wurmser von der Kinderklinik und Poliklinik der TU München. »Dagegen werden psychosoziale Risikofaktoren auf Seiten der Schwangeren wie unerwünschte lebensverändernde Ereignisse, akute oder chronische Stressbelastung und mangelnde soziale Unterstützung für die körperliche Entwicklung des Kindes und die Reifung seiner selbstregulatorischen Fähigkeiten nicht ausreichend beachtet«.[17] Auch die heute gängigen Methoden der Pränataldiagnostik – Ultraschall, Triple-Test, Fruchtwasseruntersuchungen, Chorionzottenbiopsie – mit ihren hohen Fehlerwahrscheinlichkeiten setzen viele Frauen enorm unter Stress und beeinträchtigen so die Entwicklung des Fötus und die Bindung der Mutter zum Kind. Fachleute fordern deshalb schon lange eine eingehende psychologische Beratung insbesondere vor und nach invasiven Verfahren der vorgeburtlichen Diagnostik.

Inzwischen machen sich aber immer mehr Mediziner und Psychologen Gedanken darüber, wie betroffenen

Frauen bereits in der Schwangerschaft geholfen werden kann. Es gibt ein gutes Netz von Psychiatern, Psychotherapeuten und Hebammen in Deutschland, die in Krisensituation intervenieren und Unterstützung bieten können.

Die Fachleute widmen sich verstärkt der Frage, wie werdenden Müttern zu einer sicheren vorgeburtlichen Bindung mit ihrem ungeborenen Kind verholfen werden kann. Die ungarischen Psychoanalytiker György Hidas und Jenö Raffai haben vor einigen Jahren eine spezielle Methode zur Unterstützung der vorgeburtlichen Mutter-Kind-Beziehung ausgearbeitet, die »Bindungsanalyse«. Dabei geht die Schwangere zu einem »Bindungsanalytiker«, der ihr hilft, eine stärkere und unmittelbarere Beziehung zu ihrem Kind zu bekommen. Die Methode ist besonders geeignet für Frauen, denen es schwer fällt, eine Beziehung zum Kind in ihrem Bauch aufzubauen – vielleicht aufgrund längst zurückliegender eigener emotionaler Erfahrungen. Mittlerweile wird diese Methode von Psychologen, Hebammen und Körpertherapeuten in ganz Deutschland angeboten.

Federführend beim Thema pränatale Bindung ist allerdings der Psychiater Dr. Karl Heinz Brisch, Leiter der Abteilung Pädiatrische Psychosomatik und Psychotherapie am Dr. von Haunerschen Kinderspital in München. Schon seit Jahren beschäftigt sich Brisch mit den Auswirkungen von Bindungsstörungen zwischen Eltern und Kind und der Frage, wie diese frühzeitig verhindert werden können. Vor diesem Hintergrund entwickelte Brisch das Präventionsprogramm »SAFE – Sichere Ausbildung für Eltern«: Elternkurse, die bereits in der Schwangerschaft beginnen und von professionellen Mentoren angeleitet werden, mit dem Ziel, eine sichere Bindungsbeziehung zwischen

Eltern und Kind zu ermöglichen. Mittlerweile laufen die Kurse deutschlandweit, in Kinderarztpraxen und Krankenhäusern, in Hebammenpraxen und Geburtshäusern.

Bislang nehmen vor allem Eltern der Mittel- oder Oberschicht an den Kursen teil. Doch gerade diejenigen Eltern, die weniger Zugang zu Bildung und sozialem Aufstieg haben, würden eigentlich am meisten von der Aufklärung über den »Risikoraum Mutterleib« und die Wichtigkeit der Bindungsbeziehung profitieren. Wie der Journalist Felix Berth in seinem bedrückenden Buch »Die Verschwendung der Kindheit: Wie Deutschland seinen Sozialstaat verschleudert« (2011) beschreibt, beginnt die Chancenlosigkeit vieler Kinder nämlich schon im Bauch.[18] Jede dritte Mutter aus der Unterschicht, so Berth, raucht in der Schwangerschaft, in der Oberschicht hingegen nur jede dreizehnte. Entsprechend ist auch das Geburtsgewicht von Babys aus der Unterschicht deutlich niedriger als das Geburtsgewicht von Säuglingen aus der Mittel- oder Oberschicht.

Aus diesem Grund setzen sich führende Psychoanalytiker, Psychologen und Kinderärzte in Deutschland zunehmend für ein »Ernstnehmen« des ungeborenen Kindes ein. Die Internationale Studiengemeinschaft für Pränatale und Perinatale Psychologie und Medizin (ISPPM) verabschiedete 2005 die »Charta der Rechte des Kindes vor, während und nach der Geburt«. Dort heißt es: »Jedes Kind hat das Recht, schon vor der Geburt als eigene Person geachtet und respektiert zu sein«. Ein wichtiges Ziel. Denn wenn wir die Kindheitsbedingungen verändern – und dazu zählen natürlich auch die vorgeburtlichen Bedingungen – verändern wir nicht nur die individuellen Lebensbedingungen der Menschen, sondern auch die Konfliktfähigkeit in Gesellschaften. Die Tatsache, dass wir in Europa stabile demokratische Verhältnisse haben, hängt womöglich auch damit zusammen, dass die Lebensbedingungen von Kindern eine deutliche Besserung erfahren haben: Schwangerschaften und Geburten sind sicherer und insgesamt weniger angstbelastet, Kinder werden weniger geschlagen und allein gelassen und mehr bestätigt als noch vor einem Jahrhundert.

Die Verbesserung der Primärsozialisation, zu der die Pränatalpsychologie auch einen Beitrag leistet, ist also ein wichtiges Werkzeug für die Verfriedlichung unserer Welt. Doch ein achtsamerer Umgang mit dem Kind im Bauch ist nur die halbe Miete. Ganz entscheidend sind auch die ersten drei Jahre nach der Geburt. Denn in dieser frühen Zeit lernt das Kind mithilfe der Bindungsbeziehung zu Mutter und Vater, die eigenen Gefühle spüren, verstehen und benennen zu können – und legt damit das Fundament für psychische Gesundheit. Wie die Elternliebe diese Art des emotionalen Lernens fördert, möchte ich auf den nächsten Seiten zeigen.

2

Fühlen lernen

Wie die Elternliebe das Gefühlsleben des Kindes prägt – und so bereits im Baby- und Kleinkindalter den Grundstein für die psychische Gesundheit legt

Stellen wir uns vor, dass der Fötus, der schon im Mutterleib so eifrig für das Leben »draußen« geübt hat, nun zur Welt gekommen ist. Nach einer anstrengenden Geburt liegt das Kind auf dem nackten Bauch seiner erschöpften Mutter. Alles ist ungewohnt, die Geräuschkulisse, die blendende Helligkeit, die Bewegungsfreiheit im unbegrenzten Raum. Doch auch in dieser verwirrenden Situation weiß sich das Kind erstaunlicherweise schon ein wenig zu helfen. Mithilfe seines gut trainierten Geruchs- und Geschmackssinns findet es irgendwann die Brust und beginnt zu saugen. Schnell weicht die fremde Umgebung einem Gefühl des Zuhause-Seins. Die bekannte Geruchs- und Geschmackswelt der Mutter und deren angenehme Körperwärme entspannen das Kind langsam.

Und auch die Mutter überkommt nun ein tiefes Gefühl der Ruhe nach der anstrengenden Geburt. Bei ihr setzen das Saugen des Kindes und der Hautkontakt nun das Wohlfühl-Hormon Oxytocin frei, das ein Absinken ihres Blutdrucks und einen Anstieg ihrer Körpertemperatur bewirkt. Ihre erwärmte Haut beschert dem Baby nun angenehm warme Füße, und beide fühlen sich zwar erschöpft, aber zufrieden. Erfahrungen wie diese werden Mutter und Kind, wenn alles gut geht, in den kommenden Monaten nun mehrfach täglich zusammen machen.

Acht bis zwölf Mal am Tag wird ein Säugling gestillt oder mit dem Fläschchen gefüttert – und stets pumpt dabei Oxytocin durch die Adern der Mutter. Durch das wiederkehrende Wohlgefühl beim Stillen oder Füttern verstärkt sich Stück für Stück die emotionale Bindung zwischen Mutter und Baby. »Bindungs-Hormon« nennen viele Wissenschaftler deshalb auch das Oxytocin. Ein kluger Schachzug der Natur. Denn die Bindungsbeziehung hilft dem Kind, wichtige Aufgaben zu bewältigen. Nur durch die Beziehung zu einer Bindungsperson lernt das Kind, seine eigenen Gefühle auszudrücken und zu benennen und auch die Gefühle anderer Menschen lesen und nachempfinden zu können. Diese Fähigkeiten werden in frühester Kindheit erlernt und prägen den Rest des weiteren Lebens: Sie bilden das Fundament für psychische Gesundheit.

Die Mutter, die gerade ihr Kind zur Welt gebracht hat, steht vor ganz neuen Herausforderungen. Bis vor wenigen Stunden waren ihr Baby und sie noch ein perfekt aufeinander abgestimmtes System. Den körperlichen und »psychischen« Zustand ihres ungeborenen Kindes regulierte sie quasi nebenbei, Kraft ihres Gefühlshaushalts und ihrer Hormonausschüttungen. Nun aber muss sie die emotionalen Zustände ihres Kindes durch ihr Verhalten lenken. Denn das Baby selbst weiß ja noch nicht, was es fühlt. Selbst vermeintlich basale Gefühle wie Hunger, Durst, Angst, Wut oder Freude kann der Säugling zunächst noch nicht als solche erkennen. Die Mutter muss ihm erst dabei helfen, indem sie ihm Schritt für Schritt seine noch diffusen Unwohl- oder Wohlgefühle deutet und entsprechend handelt – zum Beispiel, indem sie ihr Baby beruhigt, füttert, mit ihm spielt oder es zum Schlafen legt. Die Mutter vermittelt ihrem Kind also nicht nur ein Gefühl der Geborgenheit in der Welt, sondern sie hilft ihm auch, mit seinen emotionalen Zuständen umgehen zu lernen.

Das hört sich sehr kompliziert an, läuft aber meist unbewusst ab. Schließlich wissen die meisten Eltern intuitiv, wann sie ihr Baby hochnehmen müssen, wann sie es beschäftigen oder in den Schlaf wiegen sollen. Und wenn sie mal nicht wissen, was ihr Kind gerade braucht, dann bemühen sie sich, dem Baby trotzdem ein Gefühl des »Da-

Seins« und der Geborgenheit zu vermitteln. Diese Art der emotionalen Kommunikation, 24 Stunden am Tag, ist allerdings höchst anstrengend: Wer fast den ganzen Tag einen kleinen Menschen beruhigt, unterhalten, getröstet, bespielt und liebkost hat, der weiß am Ende des Tages, was er gemacht hat.

Die liebevolle emotionale Kommunikation mit dem Kind ist – neben dem Füttern und Pflegen natürlich – die wohl bedeutsamste Aufgabe der Bindungsperson in den ersten zwei Jahren. Denn vor allem nach der Geburt, in den ersten zwei Lebensjahren, vollziehen sich die wirklich wichtigen emotionalen Prägungen im Leben eines Menschen. In dieser Zeit wird die Entwicklung der Gefühle beim Kind angelegt und »brennt« sich quasi ins wachsende Gehirn ein.

Wir erinnern uns: Das Gehirn des Säuglings ist bei der Geburt noch nicht ausgereift. Bis zum Ende des zweiten Lebensjahres erfährt es einen enormen Wachstumsschub, allein im ersten Lebensjahr legt das kindliche Gehirn 600 Gramm Gewicht zu. Aufgrund dieses massiven Wachstums ist das kindliche Gehirn offen für äußere Einflüsse. Die Beziehungserfahrungen des Säuglings – ob gut oder schlecht – prägen sich in dieser Zeit direkt in die sich aufbauende Gehirnstruktur ein, legen Spuren für kognitive Fähigkeiten oder psychische Erkrankungen und vermögen selbst Gene ein- und auszuschalten. Der renommierte kalifornische Psychoanalytiker und Hirnforscher Allan N. Schore bezeichnet die Rolle der Mutter im ersten Lebensjahr deshalb als »Hilfskortex« des Babys, als ausgelagertes Hilfs-Großhirn.[19]

In der Kindergarten- und Schulzeit vollziehen sich dann Differenzierungen dieser frühen emotionalen Prägungen.

Natürlich können emotionale Erfahrungen auch noch viel später, im Erwachsenenalter, umgelernt oder nachgeholt werden. Nichts anderes versucht schließlich die Psychotherapie. Doch der Aufwand ist beträchtlich, denn um frühe emotionale Erfahrungen umzulernen, braucht es viel Zeit, Mühe und Geduld. Gerade unsere frühen Jahre sind zugleich »unerinnerbar und unvergesslich«, wie der Neurowissenschaftler Douglas F. Watt schreibt.[20]

Doch was, wenn ein Kind nicht bei seiner leiblichen Mutter aufwächst oder die Mutter ihr Kind nicht betreuen kann? Zum Glück hat die Natur dafür gesorgt, dass sich Neugeborene auch an andere Menschen binden können. Zum Beispiel an den Vater, an Adoptiveltern, Großeltern oder Tagesmütter. »Ein Neugeborenes hat noch keine sichere Bindung an einen Menschen«, erklärt auch der Münchner Bindungsforscher Karl Heinz Brisch. »Nach der Geburt könnten Sie ein Baby quer über den Viktualienmarkt reichen und es würde bei jedem bleiben, der es nett anschaut«. Die Bindung muss erst aufgebaut werden – und dafür eignet sich im Umfeld des Kindes so gut wie jeder Mensch, der dem Kind zuverlässig Schutz und Sicherheit bietet und feinfühlig auf seine emotionalen und körperlichen Bedürfnisse eingeht.

Meist jedoch bleibt im ersten Lebensjahr die Mutter im Zentrum der Welt des Kindes. Nach und nach entwickeln die Babys dann weitere Bindungsbeziehungen – zum Vater, zur Schwester, zur Oma, zur Tagesmutter – die ihrer Wichtigkeit entsprechend in eine Art »Bindungspyramide« eingeordnet werden. Bei großer Angst wird immer die wichtigste (primäre) Bindungsperson aufgesucht, bei kleineren Wehwehchen kann der Vater oder sogar die vertraute Oma das Kind beruhigen.

Auch der Vater ist von Anfang an wichtig. Schon früh bietet er dem Kind ganz andere Erlebnisse als die Mutter: Während Mütter sich eher um die Pflege und innere Gefühlswelt der Kinder kümmern, spielen Väter ungestümer mit ihren Babys und Kleinkindern, lachen mit ihnen, werfen sie in die Luft, führen sie an das Erleben von Schwerkraft und schnelle Bewegungen heran, bieten ihnen ganz neue Spiel- und Körpererfahrungen. Aufgrund der pränatalen Prägungen aber ist es am optimalsten, wenn das Kind die primäre Bindungsbeziehung zur leiblichen Mutter aufnimmt. Denn Mutter und Kind haben bereits, wie wir im vorigen Kapitel gesehen haben, viele gemeinsame Erfahrungen gemacht.

Kurz: Auch in den ersten Lebensjahren stellen Mutter und Kind ein aufeinander abgestimmtes und im Wachstum begriffenes System dar, das Kraft der emotionalen Bindung zusammengehalten wird. Je besser die liebevolle emotionale Kommunikation zwischen Bindungsperson und Baby gelingt, desto größer ist die Chance des kleinen Menschen, zufrieden und seelisch gesund durchs Leben zu gehen. Denn sicher gebundene Kinder können ihre Gefühlsregungen besser steuern, sie können sich bei Stress schneller beruhigen und bei Traurigkeit besser selbst trösten oder ablenken.

Diese Erfahrung hat Konsequenzen bis ins Erwachsenenalter. Ob im Berufsleben oder im Familienalltag – ein Mensch, der seine eigenen Affekte gut wahrnehmen kann, geht leichter durchs Leben als ein Mensch, der seinen Impulsen hilflos ausgeliefert ist, weil er sie nicht versteht. Wer nicht nachvollziehen kann, warum er immer wieder gereizt oder traurig wird – und von anderen Menschen deshalb vielleicht Ablehnung erfährt – steht im Leben schlechter da.

Umso erstaunlicher ist es, dass manche Eltern trotz dieses Wissens über die Wichtigkeit früher Erfahrungen immer noch glauben, dass belastende Erlebnisse in der jüngsten Kindheit ihrer Töchter und Söhne nicht weiter schlimm seien, weil sich das Kind an diese frühen Erfahrungen eben nicht erinnern könne. Doch das Fundament für psychische Gesundheit und die Fähigkeit, Beziehungen zu führen, wird in unserer frühesten Kindheit gelegt. Der Schlüssel dazu ist die Elternliebe, die zugewandte und sichere Bindungsbeziehung zwischen Eltern und Kind.

Bevor wir schauen, wie genau die Elternliebe die emotionale Entwicklung des Kindes zu prägen vermag, müssen wir erst verstehen, welche rasanten Entwicklungsschritte das Kind in den prägenden ersten Jahren – von der Geburt bis zum dritten Lebensjahr – vollzieht. Denn wenn ein Kind auf die Welt kommt, kann es noch nicht im bewussten Sinne »fühlen«. Dies zu lernen ist vielleicht seine größte Herausforderung. Und dafür braucht das Kind ein Gegenüber, das ihm hilft.

Vom Fühlen zum Mitfühlen: Eine kurze Geschichte der Gefühlsentwicklung in den ersten Lebensjahren

Zu Beginn dieses Kapitels stellten wir uns vor, dass ein neugeborenes Baby friedlich an der Brust der Mutter liegt. Nun wissen wir alle, dass dieser tiefe Friede in der Regel nur von kurzer Dauer ist. Denn bald wird das Baby zu schreien beginnen, wie es eben jedes Baby tut. Und die Eltern werden rätseln, was dem Baby wohl fehlen mag. Hat es Hunger, Bauchschmerzen, Angst? Braucht es Körperkontakt? Oder ist es müde?

Das Problem: Das Baby weiß es ja selbst nicht. Denn Neugeborene müssen die Fähigkeit zum Emotionsverständnis erst noch erwerben. Zu diesem frühen Zeitpunkt verspüren die Säuglinge lediglich diffuse Zustände der Zufriedenheit oder Unlust, der Ruhe oder Erregung. Ihre einzige Möglichkeit, auf Spannungszustände zu reagieren, ist das Schreien. Für die Eltern eine Herausforderung. Denn ihre große Aufgabe ist es nun, dem Baby Beruhigung zukommen zu lassen, indem sie feinfühlig herauszufinden versuchen, was dem Kind wohl gerade fehlen mag. Das gelingt naturgemäß manchmal besser und manchmal schlechter.

Erst ab der *sechsten Lebenswoche* öffnet sich das Baby ein Stück weit der Welt. Nun kann es sein Gegenüber anlächeln – für die Eltern ein beglückender Entwicklungsschritt. Ab dem *dritten oder vierten Lebensmonat* kann das Baby gezielt Freude durch Lachen ausdrücken, zum Beispiel, wenn es vom Vater gekitzelt wird. Oder es drückt seine Angst durch Weinen aus, wenn die Mutter das Zimmer verlässt und es ganz alleine ist. Nun entwickelt sich beim Säugling zunehmend die Fähigkeit, Basisemotionen wie Freude und Angst, aber auch Überraschung, Ärger, Interesse und Traurigkeit zu verspüren. Ein gewaltiger Fortschritt, denn damit kommt allmählich Licht in das allumfassende »Gefühlschaos«. Ganz langsam lernt das Baby, seine diffusen Spannungszustände für einen kurzen Augenblick aufzuschieben. Nicht immer müssen die Eltern sofort kommen und das Kind beruhigen, hin und wieder kann sich das Baby nun durch Lutschen an den Fingern kurz von seinen inneren Unlustgefühlen ablenken.

Trotzdem kann unser Baby im *ersten Lebensjahr* noch nicht zwischen den eigenen Gefühlen und denen anderer Menschen unterscheiden. Weint die ältere Schwester, kann es passieren, dass sich auch das Baby »anstecken« lässt und Tränen vergießt. Echtes Mitgefühl ist darin allerdings noch nicht zu sehen. Denn die Fähigkeit, den Emotionsausdruck eines anderen Menschen mit den Umständen der Entstehung dieses Gefühlsausdrucks zu verbinden (»Meine ältere Schwester hat sich verletzt, deshalb weint sie jetzt«) ist noch viel zu komplex. Zu diesem frühen Zeitpunkt kann das Baby allenfalls eine Art »globale Empathie« empfinden.

Im Laufe des *zweiten Lebensjahres* ändert sich das. Das Kleinkind kann die eigenen Gefühle nun viel besser ausdrücken. Nicht nur Mimik, Gestik und einzelne Laute, sondern auch die ersten Wörter werden zur Freude der Eltern zum Ausdruck der Emotionen benutzt. Und auch »sekundäre Emotionen« wie Neid, Schuld, Stolz oder Scham finden langsam ihren Weg ins Gefühlsrepertoire des Kindes.

Auch bei anderen Menschen kann unser Kleinkind nun Emotionen besser erkennen. Es lernt, Gefühlen gewisse Gesichtsausdrücke zuzuordnen (»So sieht Papa aus, wenn er wütend ist«). Das Wissen über mögliche Ursachen von Emotionen nimmt dabei zu. Das Kind versteht zum Beispiel, dass nicht nur äußere Umstände wie Trennungen oder Schmerzen die Gefühle eines Menschen steuern können, sondern auch innere Motivationen wie Wünsche oder Ziele (»Meine Schwester weint, weil ihr Bild nicht schön geworden ist«). Dadurch kann sich das Kleinkind noch ein Stück besser in andere Menschen hineinversetzen, auch wenn es bisweilen die eigenen Gefühle und die der Mitmenschen noch vermischt und dann selbst zu weinen anfängt. Mittlerweile kann sich unser Kleinkind sogar etwas gezielter selbst beruhigen, zum Beispiel, indem es in Stresssituationen selbst zum Schnuller greift oder das Kuscheltier sucht.

Im *dritten Lebensjahr* lernt das Kind, noch stärker zu differenzieren. Es weiß nun sicher, dass Gefühle nicht immer die unvermeidliche Folge bestimmter Ereignisse sind, sondern auch durch innere Vorgänge verursacht sein können. Es versteht beispielsweise, dass ein anderes Kind weint, weil es niemanden zum Spielen hat und traurig ist. Außerdem kann es unterschiedliche Theorien über die Entstehung dieser Emotionen in Betracht ziehen: Weint die alte Frau, weil sie traurig ist oder vergießt sie Tränen vor Rührung und Glück? Das Kind versteht, dass Gefühle von Menschen ganz unterschiedlich erlebt werden. Das macht es ihm noch leichter, sich in die Perspektive anderer Menschen zu versetzen und Empathie für deren Gefühlszustände zu empfinden.

Und auch die eigenen Emotionen kann das Kind nun viel gezielter steuern. Es unterscheidet mittlerweile klar zwischen emotionalem Erleben und emotionalem Ausdruck, kann sogar Gefühle vortäuschen oder verbergen. Am *Ende des dritten Lebensjahres* hat unser Kind bereits eine Menge erreicht: Es hat sich von einem diffus fühlenden Säugling zu einem aufgeweckten Kindergartenkind entwickelt, dessen leichteste Übung es ist, abgrundtiefe Traurigkeit vorzutäuschen, damit die Mutter schleunigst den gewünschten Lolly kauft.

All diese Entwicklungen sind aber nur möglich, wenn das Kind eine Bindungsperson an der Seite hat, die feinfühlig auf die Signale des Kindes reagiert. Es ist auf einen

Erwachsenen angewiesen, der die Gefühle des Kindes angemessen auffangen und benennen kann.

In extremer Isolation kann sich ein Kind nicht entwickeln, das haben in den vergangenen Jahrhunderten viele Fälle von stark vernachlässigten Kindern dokumentieren können – angefangen bei den 1920 in einer Wolfshöhle aufgegriffenen indischen »Wolfskindern« Kamala und Amala, die lebenslang nicht mehr aufrecht laufen lernten und auch das Sprechen nur noch rudimentär erlernen konnten, bis hin zu den fürchterlich vernachlässigten rumänischen Waisenkindern des Ceauşescu-Regimes, von denen viele im Heim das Laufen und Sprechen wieder verlernt hatten.

Wie entscheidend die Qualität der Bindungsbeziehung und die Feinfühligkeit der Bezugsperson für die seelische und mentale Entwicklung eines Kindes sind, wollen wir nun genauer anschauen.

Die Macht der Elternliebe: Ein Kinderpsychiater entdeckt die Bindung

In einem Café sitzen eine Mutter und ihr Kleinkind am Tisch. Die Mutter rührt in ihrem Tee, der Einjährige thront im Hochstuhl und spielt mit zwei Bierdeckeln. Da ruft die Frau an der Theke, dass die Mutter ihren frisch gebackenen Kuchen am Tresen abholen könne. Die Mutter steht auf und geht zum Tresen, das Kleinkind schaut ihr aufmerksam hinterher. Als die Mutter hinter dem Tresen verschwindet, um sich Besteck und ihrem Sohn einen Teller zu besorgen, beginnt der kleine Junge nach ihr zu rufen. Immer eindringlicher werden seine Rufe, bis die Mutter endlich wieder er-

scheint und dem nun freudestrahlenden Kind ein Stückchen Apfelkuchen serviert.

Hier sehen wir die Bindungsbeziehung in Aktion: Das Kind signalisiert der Mutter, dass es sich alleingelassen und ängstlich fühlt – und die Mutter versteht und kommt zurück. Denn das Kind braucht die Bindungsbeziehung wie die Luft zum Atmen, schließlich sichert sie sein Überleben. Nun kann sich das Kind entspannen, es verspürt wieder Schutz und Sicherheit. Mit großer Konzentration widmet es sich weiterhin seinen Bierdeckeln und alles ist gut.

Erstaunlicherweise ist die Erkenntnis, dass die Bindungsbeziehung ausschlaggebend für die seelische Entwicklung eines Kindes ist, noch relativ jung. Der Begründer der Bindungstheorie ist der britische Kinderarzt und Psychoanalytiker John Bowlby (1907–1990). Bowlby selbst kam – aus psychologischer Sicht – nicht mit den besten Voraussetzungen auf die Welt. Der Kinderarzt stammte aus einer großbürgerlichen Familie und wuchs überwiegend in der Obhut von Personal und Erzieherinnen auf. Die Mutter kümmerte sich nur an wenigen festgelegten Stunden am Tag um ihre Kinder, der Vater war als erfolgreicher Chirurg beruflich viel unterwegs und für die Kinder nur sonntags zu sehen. Bereits im Vorschulalter musste der kleine John mehrfach Trennungen von wichtigen Bezugspersonen hinnehmen. Als er drei Jahre alt war, verließ sein geliebtes Kindermädchen die Familie, als er sieben war, steckte man ihn ins Internat. Diesen Schritt nahm Bowlby seinen Eltern später besonders übel. Noch als alter Mann schimpfte er: »Mit sieben Jahren würde ich nicht einmal einen Hund ins Internat schicken.«

Gut möglich also, dass Bowlbys eigener familiärer Hintergrund eine Motivation dafür war, sich viele Jahre später so intensiv mit den Themen Bindung, Trennung und Trauma auseinanderzusetzen. Denn aus dem einsamen kleinen Jungen wurde erst ein Kinderarzt und dann ein renommierter Kinderpsychiater und Psychoanalytiker. Später, in den 1960er Jahren, wurde er der Begründer einer der einflussreichsten psychologischen Theorien der Gegenwart: der Bindungstheorie.

Bowlbys größte Leistung war die Erkenntnis, dass reale frühkindliche Umwelterlebnisse ausschlaggebend für die psychische Entwicklung von Kindern sind. Heute hört sich das fast banal an. Damals allerdings widersetzte sich Bowlby mit dieser Überzeugung vielen Psychoanalytikern seiner Zeit, die getreu der Freudschen Lehre glaubten, dass seelische Probleme oder Störungen bei Kindern vor allem auf »innere« Konflikte zurückzuführen seien – etwa auf den Ödipuskomplex, auf unbewusste Fantasien oder unterdrückte Sexualität. Doch Bowlby war schon früh davon überzeugt, dass vor allem die realen Bindungserfahrungen eines Kindes seine seelische Gesundheit prägen.

Er ließ sich als Kinderpsychiater ausbilden und baute nach Kriegsende die Abteilung für Kinderpsychotherapie in der renommierten Tavistock Clinic in London auf. Dort beobachtete er immer wieder, wie sehr Kinder durch die Trennung von ihren Eltern oder den Verlust enger Bindungspersonen belastet waren – sowohl bei stationären Krankenhausaufenthalten als auch durch die Lebensrealität vieler Kinder im Nachkriegsengland. Denn in den Kriegs- und Nachkriegsjahren hatten viele englische Kinder Verschickungen aufs Land über sich ergehen lassen und familiäre Todesfälle durch Krieg, Bombardierungen, Krankheiten und Mangelernährung miterleben müssen.

Um auf die kindlichen Bindungsbedürfnisse hinzuweisen, drehte Bowlby 1952 mit dem Sozialpädagogen James Robertson einen beeindruckenden Dokumentarfilm mit dem Titel »A Two Year Old goes to Hospital«. Der Film zeigt ein zweijähriges Mädchen bei seiner Aufnahme ins Krankenhaus, ohne Begleitperson, wie es damals üblich war. Das Kind protestiert zunächst lautstark, dann trauert es – und schließlich resigniert es. Der Film war eine Revolution: Die Reaktionsphasen von Protest, Trauer und Anpassung, die kleine Kinder bei langandauernden Trennungen von ihren primären Bezugspersonen an den Tag legen, waren damals kaum bekannt. Viele Kinderkliniken in England veränderten daraufhin ihre Besuchszeiten.

Dennoch bezweifelte die tonangebende Psychoanalytikerin der Zeit, Melanie Klein, dass das Leiden des Kindes auf die Trennung von der Mutter zurückzuführen sei. Klein glaubte stattdessen, dass das kleine Mädchen nicht an der realen Trennung litt, sondern an quälenden eigenen Fantasien über den Verbleib der abwesenden Mutter.

Doch Bowlby gab nicht auf und veröffentlichte im Jahr 1958 einen Fachartikel mit dem Titel »The Nature of the Child's Tie to his Mother« (»Das Wesen der kindlichen Bindung an die Mutter«), worin er seine Bindungstheorie in ersten Zügen formulierte. Mit Verweis auf Verhaltensforschungen aus dem Tierreich argumentierte er, dass jeder Mensch eine biologisch angelegte Bindungsbereitschaft hat, ein sogenanntes Bindungssystem, das zu unseren ganz grundlegenden Motivationen gehört. Er erklärte, dass sich jeder Säugling an eine Bezugsperson bindet, um zu überleben – und Mütter und Kinder deshalb eine so starke emotionale Beziehung zueinander haben.

Bowlby beschrieb, wie sich das Bindungsverhalten beim

Kind im ständigen Suchen der Bindungsperson zeigt, wie Babys weinen, wenn sie von ihrer Bindungsperson verlassen werden und Kleinkinder ihr ständig nachzulaufen versuchen. Aktiviert werde das Bindungsverhalten, so Bowlby, vor allem durch Trennung von der Bindungsperson oder äußere oder innere Bedrohung wie Schmerz und Gefahr. Evolutionsbiologisch macht das Sinn: Ohne das Bindungssystem hätten unsere Vorfahren ihren Nachwuchs vermutlich längst den Raubtieren zum Fraß überlassen.

Bowlby ging aber noch weiter und erklärte, dass gerade in dieser Bindungsbeziehung das Fundament für seelische Gesundheit liegt. Er beschrieb, wie frühe Verlust- und Trennungserfahrungen aufgrund der damit verbundenen existentiellen Bedrohung seelische Traumata hervorrufen können. Doch wieder einmal machte sich Bowlby mit dieser These wenige Freunde. Die Reaktionen der internationalen psychoanalytischen Gemeinde waren skeptisch bis ablehnend. Es war einzig und allein Anna Freud – Sigmund Freuds Tochter – zu verdanken, dass Bowlby nicht aus der Britischen Psychoanalytischen Gesellschaft ausgeschlossen wurde.

»Mit seinen Ideen stellte Bowlby ein neues Konzept neben die traditionelle Theorie der Trieblehre, nach der in erster Linie die orale Befriedigung durch das Stillen an der Mutterbrust für die Entwicklung der Bindung zwischen Mutter und Kind verantwortlich ist«, schreibt der deutsche Bindungsforscher Karl Heinz Brisch. »Nach der psychoanalytischen Theorie war es zum damaligen Zeitpunkt undenkbar, dass es eine eigenständige motivationale Grundlage für die Entwicklung der Bindung geben könnte, die auch noch biologisch verankert sei und nicht aus einem Konflikt oder der Sexualität entstammen sollte«.[21]

Neue Projekte bestätigten Bowlbys Thesen. Im Auftrag der Weltgesundheitsorganisation (WHO) führte er eine Untersuchung der ungewöhnlich hohen Säuglingssterblichkeit von Kriegswaisen in den europäischen Waisenhäusern der Nachkriegsjahre durch. Dabei fand er heraus, dass neben der schlechten Ernährungslage vor allem die Beziehungslosigkeit vieler Babys für deren frühen Tod verantwortlich war. Viele der Säuglinge, glaubte Bowlby, mussten sterben, weil es keine stabil-verfügbaren Bezugspersonen gab, die sich emotional um sie kümmerten, sie also liebkosten, trösteten, anlächelten, mit ihnen sprachen. Als er im Jahr 1969 schließlich den ersten Band seiner bis heute berühmten Trilogie »Bindung und Verlust« veröffentlichte, in dem er Wesen und Funktion der Bindung detaillierter beschrieb, etablierte sich die Bindungstheorie.

Einen weiteren Schub erhielt Bowlbys Arbeit durch die Forschungen seiner Mitarbeiterin Mary Ainsworth, einer kanadischen Entwicklungspsychologin. Ainsworth entwickelte im Jahr 1970 einen Mutter-Kind-Test, die sogenannte »Fremde Situation«, welche die Kriterien John Bowlbys für eine sichere Bindung zwischen Kind und Mutter empirisch nachzuweisen versuchte. Dabei fand sie heraus, dass es drei Ausprägungen von »Bindungsmustern« bei Kindern gibt, die sich innerhalb der Beziehung zur der Bindungsperson entwickeln können: Die sichere Bindung, die unsicher-vermeidende Bindung und die unsicher-ambivalente Bindung. Kinder mit unsicherer Bindung haben, wie wir noch sehen werden, ihre Bindungsperson als emotional unzuverlässig erlebt und entwickeln deshalb unter Belastungen viel eher psychische Auffälligkeiten als Kinder mit sicherer Bindung.

Hinzugekommen ist in den letzten Jahrzehnten noch die desorganisierte Bindung, die häufig Eltern-Kind-Beziehungen kennzeichnet, bei denen das Elternteil an einer unbearbeiteten Traumatisierung leidet. Oft wird diese Traumatisierung dann an die Kinder weitergegeben.

Sicher gebundene Kinder allerdings haben Vertrauen in die Zuverlässigkeit und Verfügbarkeit ihrer Bindungsperson. Wie der kleine Junge im Café haben sie die Erfahrung gemacht, dass die Bindungsperson ihnen zuverlässig Schutz und Trost bietet, wenn sie ihn brauchen. Deshalb können sie neugierig und entdeckungsfreudig die Welt erobern, stets im Wissen, dass sie eine schützende Person im Rücken haben. Diese sichere Bindungserfahrung stellt das Fundament für eine gesunde Persönlichkeitsentwicklung dar und ist eine Art psychischer Schutz gegen zukünftige seelische Belastungen im Leben. Denn sicher gebundene Kinder haben nicht nur mehr Urvertrauen, sie sind auch geübter in emotionaler Kommunikation und haben weniger Schwierigkeiten mit Freundschaften oder in Gruppen.

John Bowlbys und Mary Ainsworths Forschungen haben unser Verständnis der seelischen Entwicklungswege von Kindern also revolutioniert. Wir wissen nun, dass gerade die Qualität unserer frühen Beziehungserfahrungen ausschlaggebend dafür ist, ob wir zu seelisch stabilen Erwachsenen heranreifen oder nicht. In den letzten 40 Jahren wurde die Bindungstheorie entsprechend fortlaufend weiterentwickelt. Inzwischen sind fast alle Therapierichtungen von ihr geprägt, natürlich auch die Psychoanalyse und sogar die neurobiologische Hirnforschung.

Nun wollen wir schauen, warum eine gesunde Gefühlsentwicklung nur auf der Grundlage einer sicheren Bindung erfolgen kann – und wie genau innerhalb dieser frühen Beziehungen wichtige psychologische Funktionen erworben und entwickelt werden.

Die Kunst der Feinfühligkeit: Wie elterliche Zugewandtheit die emotionale Kompetenz des Kindes prägt

Sicher gebundene Kinder haben mehr Vertrauen im Leben, ihren Bindungspersonen gegenüber, sich selbst gegenüber, der Welt gegenüber. Vor allem aber haben sie eine bessere »intrapsychische Regulierungsfähigkeit«. Das heißt, sie können ihre Gefühlsregungen besser steuern, können sich also bei Stress schneller beruhigen und bei Traurigkeit besser selbst trösten oder ablenken. Schon bei Dreijährigen ist das zu beobachten.

Ein sicher gebundener Dreijähriger und ein unsicher gebundener Dreijähriger spielen mit einem kleinen batteriebetriebenen Auto. Irgendwann hört das Auto auf zu fahren, die Batterie ist leer. Der sicher gebundene Dreijährige wird nun wahrscheinlich entweder Hilfe holen, um eine Erklärung für das Stehenbleiben des Autos zu erhalten, oder er wird sich abwenden und etwas anderes spielen. Der unsicher gebundene Dreijährige hingegen wird vielleicht weinen oder vor Frust auf das Auto einschlagen. Denn ihm stehen zur Bewältigung seiner inneren Erregung nicht dieselben Strategien – sich ablenken, Hilfe holen, Trost suchen – zur Verfügung. Der Grund: Er hat es in seiner Bindungsbeziehung nicht gelernt. »Strategien zur Impulskontrolle werden durch Nachahmen elterlicher Vorbilder und durch Bestätigung er-

lernt; sie sind nicht angeboren«, schreibt auch die britische Psychotherapeutin Sue Gerhardt.[22]

Der Schlüssel zur Entwicklung einer gesunden Selbstregulation liegt in der elterlichen Feinfühligkeit, ein Konzept, das übrigens auch von Mary Ainsworth stammt. Feinfühlige Eltern sind Mütter und Väter, die die Signale ihres Kindes richtig interpretieren können und dann schnell und angemessen darauf reagieren. Das heißt, sie können einigermaßen nachvollziehen, was ihr Kind gerade bewegt und entsprechend damit umgehen. Weint ihr Baby etwa, überlegen feinfühlige Eltern genau, ob ihr Kind nun gerade hungrig, durstig, müde oder gelangweilt ist. Statt ihrem Kind routinemäßig ein Spielzeug in die Wiege zu werfen oder jedes Mal gleich ein Fläschchen zu machen, wenn das Baby in der Wiege weint, entscheiden sie je nach Situation. Natürlich kommt es dabei auch zu Missverständnissen und Dissonanzen – das ist normal und gesund, schließlich müssen Baby und Eltern sich erst kennenlernen. Aber im Großen und Ganzen können feinfühlige Eltern den aktuellen Gefühlszustand ihres Kindes gut erkennen und entsprechend handeln. Dabei berücksichtigen sie auch das Älterwerden des Kindes und passen ihr Verhalten den Lernfortschritten des Kindes an.

Und auch die Bedürfnisse und Grenzen des Kindes können feinfühlige Eltern gut respektieren. Wenn ihr Baby laut und angsterfüllt schreit, nehmen sie es zum Beispiel instinktiv auf den Arm, um das Kind durch Blick- und Körperkontakt zu beruhigen. Plappert ihr Baby fröhlich vor sich hin, reagieren sie auf die niedlichen Gefühlsausdrücke und Lautäußerungen ihres Kindes, indem sie lustig »zurückplappern«, hören aber automatisch damit auf, wenn das Kind den Blick abwendet und signalisiert, dass es nun genug hat. Braucht ihr Baby Trost, nehmen sie es auf den Arm und streicheln es, legen ihr Kind aber wieder ab, wenn es ihm zu viel wird und es auf seinem Krabbeldeckchen weiter die Welt entdecken möchte. Hat ihr Baby Hunger, füttern sie es, statt sich sklavisch an Vier-Stunden-Mahlzeiten zu halten. Unter diesen Voraussetzungen entwickelt das Kind eine sichere Bindung. Es spürt, dass es von seiner Bindungsperson gesehen, verstanden und verlässlich umsorgt wird.

Die elterliche Feinfühligkeit ist deshalb so wichtig, weil das Kind genau im Kontext dieser frühen »sicheren« Bindungskommunikation die Fähigkeit zur Gefühlsregulation erwirbt. Und zwar von Anfang an. Wir wissen ja bereits, dass Babys in den ersten Lebensmonaten nur elementare, allumfassende, undifferenzierte Gefühle verspüren. Säuglinge, die eine ängstigende Erfahrung machen, verspüren zum Beispiel lediglich ein Unwohlsein – ob sie aber selbst »ängstlich« sind, wissen sie nicht. Sie können auch nicht feststellen, ob ihre Angst mit einem Ereignis zu tun hat oder einer Person, die den ängstlichen Zustand herbeigeführt hat. Das Kind muss diese Fähigkeit, verschiedene emotionale Zustände zu unterscheiden und zu reflektieren, erst entwickeln. Den Eltern fällt es zu, die Gefühle ihres Babys zu steuern, sein Leid und Unbehagen zu verringern, seine Zufriedenheit und sein Wohlbehagen zu steigern und später auch Erklärungen für Gefühle zu liefern.

»Babys erleben viele neue Ereignisse erst einmal als Stress«, weiß Karl Heinz Brisch. »Ob das Hunger, Durst, ein neues Geräusch oder ein Mobile ist: Alles bedeutet ein hohes Erregungsniveau. Dann greift die Mutter ein und reguliert die Gefühle des Babys, indem sie es beruhigt. Und so hilft sie ihrem Kind, Stück für Stück die eigenen Impulse kennen und einordnen zu lernen.« Die Bindungsperson ermittelt also die Gefühle des Kindes und spiegelt sie ihm wieder, damit das Kind lernt, sich selbst emotional wahrzunehmen.

»Affektspiegelung« nennen Wissenschaftler diesen ganz natürlichen und unbewussten Kommunikationsprozess zwischen feinfühligen Eltern und ihrem Kind, der sich mithilfe von Mimik, Haltung, Sprachmelodie, Körperbewegungen und Blickkontakt der Eltern zum Kind ereignet. Auch unangenehme Gefühle des Babys wie Angst oder Traurigkeit werden dabei von der Bindungsperson aufgenommen und dem Kind in verarbeiteter und weniger bedrohlicherer Form zurückgegeben – das unangenehme Gefühl wird für das Kind somit denkbar. Als emotionalen »Container« bezeichnete der britische Psychoanalytiker Wilfred Ruprecht Bion deshalb die Rolle der Mutter in den ersten Lebensjahren.

Das geschieht zum Beispiel täglich beim Stillen: Eine gesunde und ausgeglichene Mutter hält ihr Kind instinktiv im Abstand von dreißig Zentimetern, so dass das Baby automatisch in der Lage ist, dem Gesicht der Mutter wichtige Lernbotschaften zu entnehmen. In einem komplexen, aber völlig natürlichen und unbewussten Interaktionsprozess schaut die Mutter ihr Baby an, entnimmt seinem Gesichtsausdruck, wie es ihm geht und spiegelt ihm seinen aktuellen Gefühlszustand wieder. Ist das Baby vielleicht gerade wütend, weil es seiner Meinung nach viel zu lange hungrig war, spiegelt die Mutter dem Kind seinen wütenden Gesichtsausdruck wieder, zieht also auch die Augenbrauen zusammen und legt die Stirn in Falten. Dabei mildert sie die intensiven Gefühle des Kindes aber etwas ab, so dass die Wut des Säuglings im Gesicht der Mutter nicht bedrohlich scheint. Gleichzeitig überzeichnet sie ihren Gefühlsausdruck, indem sie vielleicht in Babysprache spricht oder Worte und Gesten betont übertreibt. Zwischendurch unterbricht die Mutter immer wieder die Spiegelungen für eine kleine Pause – und nimmt sie dann wieder auf. Damit erkennt das Baby, dass die Mutter nicht etwa ihre eigene Befindlichkeit darstellt, sondern die des Kindes. Die Mutter macht dem Kind also vor, wie es sich fühlt.

Auf diese Weise lernt das Baby Schritt für Schritt, seine eigenen Affekte einzuordnen. Durch das Verhalten seiner Bindungsperson erfährt das Baby außerdem, wie es sich in stressigen Situationen wieder ins Gleichgewicht bringen kann. Durch den intensiven Blickkontakt, den angenehmen Körperkontakt, das liebevolle Sprechen der Mutter erfährt es Entspannung und »lernt« so von seiner Mutter, wie Beruhigung geht. Anders gesagt: Das Baby erwirbt nonverbale Muster zur Selbstregulation. Außerdem erfährt es durch die Spiegelungen ein Gefühl von Wirkmacht und von Selbstwert – schließlich kümmert sich jemand verlässlich um seine Sorgen. »Bei einem feinfühligen Umgang entwickeln Babys die Erwartung, dass die Menschen in ihrer Umgebung auf ihre Gefühle eingehen und ihnen helfen, heftige Erregungszustände auf ein angenehmes Niveau zurückzubringen; durch die Erfahrung, dass andere dies für sie tun, lernen sie, es selbst zu tun«, erklärt auch die britische Psychotherapeutin Sue Gerhardt, die in Oxford eine Praxis für Babys und Eltern unterhält.[23]

Die acht Monate alte Carlotta liegt auf einer Krabbeldecke im Wohnzimmer. Sie spielt mit einem bunten Kuscheltier. Ihr Vater, der Carlotta von Geburt an versorgt, hantiert derweil in der Küche und bereitet das Mittagessen vor. Irgendwann wird Carlotta unruhig, weil ihr Vater nicht zu sehen ist. Sie fängt an zu quengeln, immer lauter. Schließlich steckt der Vater den Kopf durch die Tür und sagt, dass er gleich komme, er müsse nur noch kurz die Spülmaschine zu Ende ausräumen. Natürlich versteht Carlotta nicht genau, was der Vater gesagt hat – aber sie versteht zumindest, dass der Vater da ist und bestimmt gleich wiederkommt. Dass sie dann Beruhigung von ihm erfahren wird, hat sie bereits verinnerlicht. Also quengelt Carlotta noch ein bisschen weiter, schafft es dann aber, sich durch die Beschäftigung mit ihrem Kuscheltier wieder ein wenig selbst zu beruhigen.

Als der Vater schließlich kommt, ist sie vollauf damit beschäftigt, ihre Söckchen alleine auszuziehen. »Du hast aber schön alleine gespielt, Carlotta«, lobt sie der Vater. Carlotta strahlt übers ganze Gesicht.

In dieser Art der emotionalen Kommunikation vollziehen sich in den ersten 18 Monaten enorme Entwicklungen. Dabei nimmt die Affektspiegelung immer anspruchsvollere Formen an. Nach und nach differenziert die Bindungsperson die elementaren Gefühlszustände des Kindes in komplexere Gefühle. Fühlt sich ein Kind diffus »unglücklich«, zeigt die Mutter ihm vielleicht, dass hinter seinem »Unglück« eigentlich ein spezifischeres Gefühl wie Ärger, Enttäuschung, Wut oder Kränkung steckt. Hinter »fröhlich« hingegen mag sich Freude, Aufgeregtheit oder körperliches Wohlgefühl befinden.

Stellen wir uns einen kleinen Jungen vor, der gerade laufen gelernt hat. Er möchte unbedingt mit dem Schlüssel seiner Mutter spielen, der auf einem Regalbrett im Bücherregal liegt. Doch selbst wenn er sich am Regal hochzieht und seine

Ärmchen in die Höhe streckt, kommt er einfach nicht heran. Er beginnt zu schimpfen. Da kommt die Mutter und sagt: »Oh je, ärgerst du dich, dass du nicht an den Schlüssel herankommst?« Auf diese Weise lernt der kleine Junge: Was ich spüre, ist Ärger.

Indem die feinfühlige Mutter die Emotionen des Kindes versprachlicht, erweist sie ihm also einen großen Dienst: Sie stattet ihr Kind mit einem guten Gefühl für seine Affekte und Motivationen aus und mit einem emotionalen Wortschatz, um diese Gefühle angemessen zu kommunizieren. »Die Mutter gibt dem Kind einen Schnellkurs in Sachen Emotionen und zwar nicht nur mit Worten, sondern mit ihrer zärtlichen Sprachmelodie und den tröstenden Gesten und Berührungen«, erklärt der amerikanische Psychiater und Psychoanalytiker Norman Doidge. »Um ihre Emotionen verstehen und regulieren zu können, müssen Kinder in der kritischen Phase Hunderte solcher Interaktionen erleben«.[24]

Eine wenig feinfühlige Bindungsperson hingegen könnte die Emotionen des Jungen vielleicht nicht so gut lesen. Womöglich beachtet sie den quengelnden Kleinen gar nicht erst. Oder sie nimmt ihn hoch und legt ihn ins Bettchen, im Glauben, dass er nun wohl müde sei. Oder sie spiegelt das Kind nicht ausreichend, legt ihm etwa wortlos den Schlüssel vor die Nase, ohne zu kommentieren, was gerade in ihm vorgeht. Erlebt ein Baby tagtäglich wenig feinfühliges Verhalten wie dieses, wird es für das Kind viel schwerer, seine Emotionen richtig zu spüren und auszudrücken. Denn es hat nicht genau lernen können, was es fühlt. Das macht es für das Kind wesentlich schwieriger, Gefühlsfragen mit anderen auszuhandeln.

»Wenn das Kind nicht lernt, Gefühle durch sprachliche Symbole auszudrücken, kann es emotionale Erregungszustände nicht auf bewusste, verbale Weise bewältigen – sich zum Beispiel seinen Kummer nicht ›von der Seele reden‹«, erklärt auch Sue Gerhardt. »Seine Gefühle werden dann über die alten nonverbalen Kanäle verarbeitet und nicht durch die neue Art von Reaktion und Reflexion aktualisiert. Das bedeutet, dass auch das Selbstgefühl des Kindes eher undifferenziert bleibt«.[25] Das Kind lernt also nicht, seine Gefühle zu durchschauen und kann sie deshalb auch nicht kommunizieren. Deshalb fühlt es sich dann oft unverstanden. Für manche dieser Kinder ist später eine Psychotherapie eine gute Möglichkeit, um das »Fühlen« nachzulernen und genau zu schauen, was eigentlich in ihnen vorgeht.

Im Falle unseres fiktiven unsicher gebundenen Dreijährigen mit dem kaputten Spielzeugauto etwa verspürt der Junge nicht spezifisch Enttäuschung darüber, dass sein Auto nicht mehr funktioniert – sondern nur diffuse Wut. Diese Wut kann er allerdings nicht herunterregulieren. Denn seine wenig feinfühlige Bindungsperson hat ihm kaum Beruhigung verschaffen können und somit auch die Fähigkeit zur Selbstregulation nicht gut beigebracht. Weil seine Bindungsperson mit ihm außerdem kaum über Gefühle spricht, findet er im Gegensatz zu sicher gebundenen Kindern für seine innere Erregung keine Worte – und kann sich dementsprechend schwieriger verständlich machen. Der kleine Junge versteht selbst nicht, was in ihm vorgeht und kann stattdessen nur agieren. So setzt sich ein unguter Kreislauf in Gang. Mit seinem aggressiven Verhalten stößt er bei anderen Kindern und auch seinen Erziehern und Eltern immer häufiger auf Ablehnung. Der bindungsunsichere Junge »verliert« dadurch noch mehr Bindung und wird möglicherweise zum Problemkind. Vielleicht hört man dann irgendwann die Eltern klagen, ihr Kind sei bereits mit diesem »schwierigen Temperament« geboren worden.

Obwohl es bei Kindern natürlich große Temperamentunterschiede gibt, haben viele Studien in den letzten Jahrzehnten dennoch bewiesen, dass sogar die schwierigsten und reizbarsten Babys meist eine gute Entwicklung nehmen können, wenn die Eltern feinfühlig auf ihre Bedürfnisse eingehen. »Temperament« oder »Gene« sind also nur selten eine stichhaltige Erklärung für kindliche Auffälligkeiten. Oft steckt hinter diesen Problemen eine gestörte Affektregulierung aufgrund einer unsicheren Bindung. Und diese wirkt sich unglücklicherweise auch auf die Beziehung zu anderen Menschen aus. Denn in der sicheren Bindungsbeziehung lernt das kleine Kind nicht nur, seine eigenen Gefühle zu regulieren und sich mitzuteilen – sondern auch intuitiv die Affektzustände anderer Menschen zu erkennen und Empathie empfinden zu können. Und das ist eine ganz entscheidende Fähigkeit für den Rest seines Lebens.

Ich weiß, was du denkst: Andere Menschen verstehen lernen

Stellen wir uns einmal vor, wir könnten die Gefühle anderer Menschen nicht von deren Gesichtern ablesen. Wir wüssten also nicht, ob unser Freund gerade fröhlich oder traurig blickt, ob unsere Arbeitskollegin heute gestresst oder freudig beschwingt wirkt. Ohne diese nonverbalen

Informationen würden wir große Probleme haben, uns in Beziehungen zurechtzufinden. Denn wir hätten ja keinen blassen Schimmer, wie wir uns angemessen zu verhalten hätten. Unserem traurigen Freund würden wir in Unkenntnis seines Gemütszustandes vielleicht eine ellenlange Geschichte über den nervigen Mitfahrer in der U-Bahn erzählen, obwohl wir ihn doch eigentlich dringend fragen sollten, was denn los sei. Unsere gestresste Arbeitskollegin würden wir vielleicht bitten, kurz unser Telefon zu übernehmen, obwohl doch klar sein müsste, dass sie gerade jetzt keine Zeit dafür hat. Schnell würden wir als unsensibel gelten und Freunde und Kollegen damit zurückweisen.

Noch schwerer hätten wir es, wenn wir außerdem nicht in der Lage wären, uns Gedanken über die Gefühle unserer Mitmenschen zu machen, wenn wir also keine Vorstellungen davon entwickeln könnten, warum sich unsere Kollegin gerade gestresst fühlt oder unser Freund traurig sein könnte. Statt zu sagen »Gab's Ärger mit dem Chef?« oder »Du siehst traurig aus, hast du schlechte Nachrichten erhalten?«, würde uns nichts einfallen. Doch gerade dieses »Mitfühlen können« oder »Sich Hineinversetzen« in einen anderen Kopf ist ein immens wichtiger Bestandteil sozialer Beziehungen. Nur so gelingt der emotionale Kontakt zu anderen Menschen. Können wir das nicht, sind private oder berufliche Beziehungen eine echte Herausforderung für uns.

Diese Fähigkeit, Gefühlszustände anderer Menschen zu erkennen, erwerben wir schon ganz früh. Bereits Babys lernen durch die Interaktion mit ihren feinfühligen Müttern oder Vätern nach und nach, den Gefühlszustand ihres Gegenübers zu erkennen. Durch den Gesichtsausdruck, die Körperhaltung und die Stimmmodulation erkennen sie beispielsweise, ob die Mutter gerade Freude, Wut oder

Angst verspürt. Dass dies nicht ihr eigenes Gefühl ist, sondern das der Mutter sein muss, unterscheiden Babys dadurch, dass die Mutter die Gefühle des Säuglings in der Affektspiegelung mimisch und verbal stark übertreibt, ihre eigenen Gefühle aber deutlich reduzierter äußert.

Spiegelt die Mutter durch ihren Gesichtsausdruck also die Angst des Babys wieder – indem sie vielleicht die Augen weit aufreißt und gleichzeitig beschwichtigende Geräusche macht –, beruhigt sich das Baby. Durch ihre spezielle Mimik und Stimmlage »markiert« die Mutter die Gefühle ihres Kindes. Erkennt das Baby im Gesicht der Mutter aber deren reale Angst – geweitete Augen, schnelle Augenbewegungen –, beginnt es wahrscheinlich vor Schreck auch zu weinen. Schritt für Schritt lernt es über die Beziehung zur Bindungsperson, die eigenen Gefühle wahrzunehmen und somit auch die Gefühle anderer Menschen zu »lesen«. Diese Fähigkeiten gehen Hand in Hand. Wie gut sie vermittelt werden, hängt – wie wir bereits gesehen haben – von der Feinfühligkeit der Bindungsperson ab.

Können Kinder ihre Gefühle und die Gefühle anderer Menschen korrekt lesen, lernen sie nach und nach auch, sich in die inneren Vorgänge der Menschen um sie herum einzufühlen. Sie nehmen dann nicht mehr ausschließlich die eigenen Gefühle als Maßstab dafür, was andere Menschen empfinden, sondern verstehen, dass Mutter, Vater oder Schwester oft völlig unterschiedliche Wünsche und Absichten als sie selbst haben. Diese Erkenntnis ist grundlegend, denn nur so lernt sich das Kind als Individuum zu begreifen und versteht entsprechend, dass es sich von seinen Eltern oder Spielkameraden klar unterscheidet.

Hat das Kind diesen Schritt gemeistert, kann es auch verstehen, dass sich hinter den Handlungen seiner Mitmenschen oft ganz andere Motive verbergen als es äußerlich erscheinen mag. Denn Menschen fühlen ja nicht immer genau das, was sie zu fühlen scheinen – oft sind sie in ihren emotionalen Reaktionen auch von der momentanen Stimmung, von früheren emotionalen Erfahrungen oder von falschen Überzeugungen beeinflusst.

Der fünfjährige Philipp schaut seinem Vater im Garten beim Reparieren seines Fahrrads zu. Doch der Vater bekommt das Rad nicht zum Laufen, immer wieder rutscht die Fahrradkette vom Zahnkranz herunter. Nach einer knappen Stunde gibt der Vater verärgert auf. Phillip und sein Vater gehen zurück ins Haus. Als der Vater das unaufgeräumte Kinderzimmer sieht, ruft er: »Wie sieht das denn hier aus, du räumst sofort dein Zimmer auf!« Nun ist Philipp wütend. »Schrei mich nicht so an«, ruft der Fünfjährige, »du ärgerst dich ja nur, weil dein Fahrrad kaputt ist!«

Philipp weiß also, dass der Gefühlszustand seines Vaters nicht von aktuellen äußeren Umständen herrührt, sondern von zurückliegenden »inneren« Erfahrungen wie der Tatsache, dass der Vater das Fahrrad nicht reparieren konnte und noch immer sauer darüber ist.

Noch ein anderes Beispiel:

Die siebenjährige Hanna wird auf dem Schulhof immer wieder von einem Jungen aus ihrer Klasse geärgert. Bis vor kurzem war er noch ihr Freund, nun hänselt er sie in der Pause und schubst sie heftig beim Fangenspielen. Hanna ist zwar genervt, aber nicht weiter betroffen. »Ich weiß, was er hat«, erzählt sie ihrer Mutter. »Er ist in mich verliebt und mag es nicht zugeben.« Hanna kann also über die äußere Realität –

das unfreundliche Verhalten ihres Klassenkameraden – hinwegsehen und stattdessen den scheinbar entgegengesetzten inneren Zustand ihres Freunds – sein Verliebtsein – erkennen.

»Mentalisieren« nennen die renommierten britischen Psychoanalytiker Peter Fonagy und Mary Target diese wichtige Fähigkeit, das eigene Verhalten oder das Verhalten anderer Menschen durch Zuschreibung mentaler Zustände zu interpretieren. »Mentalisieren bedeutet, die augenblickliche physische Realität gewissermaßen beiseite zu lassen und sich stattdessen auf die weniger zwingende Realität des inneren Zustands zu konzentrieren, in dem der Andere sich befindet«, erklärt Peter Fonagy.[26] Das ist ein hochkomplexer Vorgang, den die meisten von uns allerdings ohne nachzudenken tagtäglich meistern.

Die meisten Kinder können frühestens ab dem Alter von vier Jahren mentalisieren – vorher sind sie noch zu sehr auf die eigene innere Wahrnehmung fixiert. Als Lackmustest der Mentalisierungsfähigkeit gilt der »Falsche-Überzeugungs-Test«. Ein Kind – nennen wir es Emma – bekommt eine große Schachtel mit Playmobil-Aufdruck gezeigt. Emma wird gefragt: »Was glaubst du, ist in der Schachtel?« Emma antwortet selbstverständlich: »Playmo!« Die Schachtel wird geöffnet. Doch in der Schachtel ist kein Playmobil-Spielzeug, sondern eine ganze Packung Schokoriegel. Anschließend wird Emma gefragt: »Draußen wartet dein Freund Jasper. Wenn wir ihn reinholen, ihm die geschlossene Playmo-Schachtel zeigen und ihn fragen, was in der Schachtel ist, was wird er dann wohl antworten?« Dreijährige Kinder antworten »Schokoriegel«, vierjährige antworten »Playmo«. Kleinere Kinder können sich noch nicht vorstellen, dass das andere Kind draußen nicht dasselbe Wissen hat wie es selbst: Weil sie wissen, dass in der Schachtel kein Playmobil ist sondern eine Packung Schokoriegel, gehen sie davon aus, dass auch das Kind vor der Tür dies wissen müsste. Vierjährige Kinder hingegen sind sich dessen bewusst, dass das Kind vor der Tür nicht dieselben Informationen hat wie sie selbst und deshalb eine falsche Antwort geben wird. Sie können sich also in die Köpfe anderer Menschen hineinversetzen.

Die Fähigkeit zur Mentalisierung ist für den weiteren Lebensweg ganz entscheidend. Können Kinder mentalisieren, sind sie in der Lage, zufriedenstellende Beziehungen zu führen. Sie verstehen, dass andere Menschen anders denken als sie und Beziehungen nur funktionieren können, wenn sie auf gemeinsamen Kompromissen und respektvoller Rücksichtnahme beruhen. Sie haben gelernt, die Perspektive anderer Menschen einzunehmen. Auch mit Aggressionen und Konflikten können sie deshalb besser umgehen. Denn mentalisierende Menschen beziehen nicht gleich jeden persönlichen Angriff auf sich, sondern sind in der Lage, die dahinterliegenden Motive ihres Gegenübers zu erkennen. Sie entwickeln außerdem »echte« Empathie und keine kleinkindhafte Form der Empathie, die lediglich auf dem Nachahmen der emotionalen Reaktion des Anderen beruht, sondern eine Form der Empathie, die tatsächlich auf dem Nachfühlen beruht.

Eine wichtige Voraussetzung für die Fähigkeit zur Mentalisierung ist die sichere Bindungsbeziehung. »Kinder, die keine feinfühligen Bindungspersonen haben, bekommen häufig Schwierigkeiten im Leben«, erklärt Karl Heinz Brisch. »Als Zweijährige oder Vierjährige denken sie dann vielleicht: Wenn ich müde bin, sind alle müde. Wenn ich hungrig bin, haben alle Hunger. Und später, als Erwachsene, denken sie vielleicht: Wenn ich Sex will, will auch meine Frau Sex. Weil sie sich gar nicht vorstellen können, dass andere nicht so fühlen wie sie. Und so kommt es dann zu einem Konflikt nach dem anderen.«

Doch wie lernt ein Kind das Mentalisieren innerhalb der sicheren Bindungsbeziehung? Zunächst einmal, indem es ein Gefühl für das eigene Selbst entwickelt. Bereits im Säuglingsalter formiert sich das Selbst des Babys durch die Spiegelung am »Selbstobjekt«, also der Bindungsperson. Der österreichisch-amerikanische Psychoanalytiker Heinz Kohut schrieb, dass der liebevolle »Glanz im Auge der Mutter« dem Säugling zur ersten Bestätigung verhelfe, ein liebenswertes Gegenüber zu sein.[27] Durch die Bindungsbeziehung entdeckt das Baby aber nicht nur sein Selbst, sondern schrittweise auch seine eigene Psyche: Mütter, die mit ihren lachenden Babys mitlachen, reagieren klar ersichtlich auf den fröhlichen inneren Zustand ihrer Kinder. Väter, die ihre ängstlichen Babys beruhigen und ihnen dabei den Affekt »Angst« spiegeln, zeigen ihren Babys ebenfalls, dass in ihren Köpfen etwas passiert. Dadurch, dass die Bindungsperson dem Kind zeigt, dass in ihm etwas vorgeht, lernt das Kind, seine eigene Psyche wahrzunehmen.

Häufig schreiben Mütter oder Väter ihrem Baby sogar komplizierte Denkvorgänge oder Gefühle zu, indem sie zum Beispiel fragen: »Na, was denkst du?« oder »Willst du mich ärgern, du kleiner Frechdachs?« Das ist wichtig. Denn dadurch, dass sie sich ihr Kind als denkendes Wesen vorstellen, erhält das Baby bereits eine erste Idee seiner psychischen Identität.

Bis die Kleinen aber wirklich Gedanken und Gefühle in der eigenen Person oder gar in anderen erkennen können, vergehen noch ein paar Jahre. Frühestens mit anderthalb Jahren kann das Kleinkind überhaupt zwischen dem »Selbst« und dem »Anderen« unterscheiden. Erst dann ist es zum Beispiel in der Lage, sein Spiegelbild zu erkennen oder sich auf Fotos zu identifizieren. Und nun beginnt es auch langsam mit den ersten Spielen – und merkt dabei, dass sein inneres Erleben beim intensiven Spiel die äußere Realität nicht zwangsläufig widerspiegelt. Das Kind kann zum Beispiel spielen, dass ein Kätzchen im Schrank versteckt ist, ohne zu glauben, dass tatsächlich ein Kätzchen im Schrank ist. Es versteht den Unterschied zwischen »Realem« und »Gedachtem«. Um diesen komplizierten Gedankenschritt aber gut bewältigen zu können, braucht es liebevolle Eltern, die sich auf seine innere Realität einlassen und mit ihm spielen, zum Beispiel fragen: »Was macht das Kätzchen denn da im Schrank, will es gar nicht rauskommen und Mäuse jagen?«

Das fantasievolle Spielen ist überwiegend in sicheren Bindungsbeziehungen zu beobachten – und unendlich wichtig für die psychische Entwicklung des Kindes, wie auch der britische Psychoanalytiker Peter Fonagy schreibt: »In einer Eltern-Kind-Beziehung, die durch ein Element von Verspieltheit charakterisiert ist, kann das Kind die Erfahrung machen, dass Gefühle und Gedanken, Wünsche und Überzeugungen einerseits wichtig sind und respektiert werden, dass sie aber andererseits nicht der gleichen Kategorie angehören wie die physikalische Realität.«[28]

Außerdem lernt das Kind in dieser Phase Schritt für Schritt, dass seine Wahrnehmung der Realität weder mit der Wahrnehmung anderer noch der Realität selbst übereinstimmen muss. Ein klassisches Beispiel dafür ist das »Monster unterm Bett«, vor dem gerade Kinder im Kindergartenalter häufig Angst haben. Über die Zeit erfährt das Kind, dass dieses Monster wirklich nur in seinem eigenen Kopf existiert – und nicht in der physischen Realität des Kinderzimmers und schon gar nicht in der inneren Realität der Eltern. Es lernt also nicht nur, dass es einen Unterschied zwischen »Realem« und »Gedachtem« gibt, sondern auch zwischen dem eigenen »Gedachten« und dem »Gedachten« der anderen. Etwa ab dem Alter von vier Jahren haben Kinder dies ansatzweise begriffen. Mit sechs Jahren können die meisten Kinder dann bereits recht gut mentalisieren – eine Fähigkeit, die sich unter anderem auch darin zeigt, dass viele Kinder nun bereits stabile Freundschaften aufgebaut haben.

Unsere Fähigkeit, Beziehungen zu führen – in Partnerschaften, Freundschaften oder am Arbeitsplatz – ist folglich stark abhängig von der Qualität unserer frühen Bindungsbeziehung. Vor allem die Erfahrung der feinfühligen Affektspiegelung ist ganz entscheidend: Für eine gesunde psychische Entwicklung braucht jedes Kind einen liebevollen und zugewandten Menschen, der ihm hilft, sein Gefühlsleben einzuordnen und zu verarbeiten. Wichtig ist dabei, dass die Bindungsperson einigermaßen fantasievoll mit dem Kind zu spielen in der Lage ist. Dazu gehört hin und wieder auch ein bisschen Opferbereitschaft: Spielt ein Kind sieben Tage in der Woche »Kätzchen«, kann das mitunter nerven. Dennoch erfüllen diese Rollenspiele eine wichtige Funktion: Sie sorgen dafür, dass das Kind zwischen Realität und Fantasie, zwischen »Realem« und »Gedachtem« unterscheiden lernt.

Doch nicht nur das Spielen, auch das gemeinsame Anschauen von Bilderbüchern oder das Vorlesen von Kinderbüchern erfüllen zum Beispiel diese Funktion. Durch die

Geschichten lernt das Kind, die Gefühle anderer Figuren zu erfahren – etwa die fröhliche Ausgelassenheit des Katers Findus in den »Pettersson und Findus«-Büchern von Sven Nordqvist, oder die Enttäuschung der kleinen Lotta in Astrid Lindgrens »Na klar, Lotta kann Fahrradfahren«. Das Kind setzt sich in deren »Köpfe« hinein und amüsiert oder gruselt sich genauso wie die Figur im Buch.

Auch der sogenannte »induktive Erziehungsstil«, bei dem Eltern ihren Kindern immer wieder die Konsequenzen ihrer Verhaltensweisen für andere Personen verdeutlichen und sie anregen, sich in andere hineinzuversetzen, hilft Kindern, die Gefühle und Handlungsstrategien anderer Menschen zu verstehen. Sätze wie »Wie würdest du dich fühlen, wenn dein Freund dich haut?« oder »Wärst du nicht auch traurig, wenn du nicht mitspielen dürftest?« unterstützen Kinder in der Entwicklung ihrer Empathie- und Mentalisierungsfähigkeit.

Ebenso hilft das positive Modellverhalten der Eltern den Kindern, auf die Gefühle anderer Menschen einzugehen. Sie beobachten: Papa kümmert sich um mich, wenn ich krank im Bett liege, Mama nimmt die Schwester in den Arm, wenn sie weint. »Wenn die Eltern in solchen Situationen Mitgefühl und Hilfsbereitschaft vorleben und dabei auf die Gefühle der betroffenen Person eingehen, anstatt negative Gefühle wie Angst oder Traurigkeit schnell abzutun oder gar zu ignorieren, ist das für ein Kind ein günstiges Lernmodell«, sagt die Entwicklungspsychologin Prof. Dr. Silvia Wiedebusch von der Universität Osnabrück.[29]

Ich verstehe weder mich noch dich: Wenn Kinder nicht mentalisieren können

Kinder brauchen feinfühlige, empathische Mütter und Väter, die sich auf die innere Welt ihres Nachwuchses einlassen und ihm helfen, diese zu verstehen. Bleiben die Eltern allerdings immer nur in der konkreten Realität verhaftet (»In unserer Wohnung gibt es keine Kätzchen«) oder gar im eigenen Gefühlsleben (»Ich will mich auf deine Angst nicht einlassen«), fällt es dem Kind schwerer, seine mentalen Vorstellungen in die Realität zu integrieren. Es erhält nur einen unzureichenden Zugang zu seinem inneren Leben und verinnerlicht stattdessen die vorgegebenen Gefühle der Eltern.

Können Eltern nicht über die mentalen Erfahrungen ihres Kindes nachdenken, nehmen sie ihm die Basis für ein starkes Selbstgefühl. Viele dieser Kinder entwickeln später dann ein »falsches Selbst«, wie der berühmte Psychoanalytiker Donald Winnicott schrieb. Kinder mit einem »falschen Selbst« können nicht gut spüren, wie sie sich fühlen, sondern empfinden unter Umständen so, wie es die Eltern von ihnen erwarten. Auf Außenstehende machen sie oft einen altklugen, angepassten und fast schon erwachsenen Eindruck. Diese Kinder sind zu bemitleiden, denn als Erwachsene geraten sie oft in schwere Krisen. Sie haben nicht gelernt, wer sie sind und was sie wollen, weil sie immer nur angepasst und »fremdgesteuert« gelebt haben. Innerlich fühlen sie vor allem Leere. Erst durch eine Krisensituation, die in eine Psychotherapie mündet, entwickeln sie häufig ein besseres Gefühl für das eigene Selbst und die eigenen Wünsche im Leben.

Auch Menschen mit einer Borderline-Persönlichkeitsstörung haben die Fähigkeit zum Mentalisieren häufig nicht gut entwickeln können. Ungefähr 1,5 Millionen Menschen in Deutschland leiden an dieser Persönlichkeitsstörung, die sich in starken, unkontrollierten Gefühlsschwankungen äußert und häufig auch im Drang, sich selbst zu verletzen. Die Betroffenen sind unsicher, haben Angst verlassen zu werden und stoßen andere Menschen abwechselnd weg und umklammern sie. Weil zwischenmenschliche Beziehungen für Borderline-Patienten so oft zur Qual werden, brechen sie immer wieder Ausbildungs- und Berufswege ab oder stellen Freundschaften und Partnerschaften in Frage. Borderline-Patienten geraten deshalb so oft in Konflikt mit anderen Menschen, weil sie deren Handlungen und Motive völlig falsch interpretieren. Sie sind zum Beispiel oft überzeugt, dass ein Mensch wütend auf sie ist und ihnen Böses will, obwohl dies gar nicht der Fall ist.

Borderline-Patienten haben nicht gelernt, korrekt zu mentalisieren. Als Kinder erlebten sie ihre Bindungspersonen meist als unzuverlässig oder vernachlässigend und konnten aus diesem Gefühl der Verunsicherung heraus mentalisierende Zustände gar nicht erst zulassen. Das freie und fantasievolle Spiel mit den Bindungspersonen, das für die Unterscheidung von »Realem« und »Gedachtem« notwendig ist, hatten sie sich schlichtweg nicht leisten können, weil es für vernachlässigte oder missbrauchte Kinder bisweilen hochgefährlich ist, einen Moment lang nicht wachsam zu sein. Auch die Einfühlung in die innere Welt der Eltern, die für die Unterscheidung des eigenen »Gedachten« vom »Gedachten« der Bindungsperson notwendig ist, war zu bedrohlich – schließlich fügten diese Eltern ihren Kindern oft großes seelisches oder auch körperliches Leid zu.

Männer und Frauen mit Borderline-Persönlichkeitsstörungen haben nicht ausreichend lernen können, zwischen inneren und äußeren Zuständen zu unterscheiden und sich in die Emotionen und Handlungen anderer einzufühlen. Es fand keine Affektspiegelung statt, mit deren Hilfe die eigenen kindlichen negativen Gefühle hätten verdaut oder verstanden werden können. Auch die »bösen« Gefühle, die ihnen die Eltern entgegenbrachten, haben sie entsprechend nicht verarbeiten können und tragen sie stattdessen nun als unverdaute »fremde« Gefühle mit sich herum. Doch diese »bösen« Gefühle müssen weg, sie können kaum ertragen werden. Das geht nur, indem sie anderen Menschen untergeschoben werden. Schon in relativ harmlosen Konfliktsituationen unterstellen sie ihren Mitmenschen deshalb häufig »böse Absichten« und reagieren mit heftiger Ablehnung oder gar starkem Hass auf sie.

Oft suchen sich Menschen mit Borderline-Persönlichkeitsstörung auch missbrauchende Täter als Partner oder manipulieren andere Menschen unbewusst so weit, dass sie von ihnen die Ablehnung erfahren, die sie doch eigentlich fürchten. Das unerträgliche und unverdaute »Böse« in ihnen muss irgendwo außerhalb untergebracht werden, weil es innerlich nicht ausgehalten werden kann.

Die 30-jährige Mutter Johanna leidet an einer Borderline-Persönlichkeitsstörung. Sie hat einen Sohn, Max, der fünf Jahre alt ist. Jeden Dienstag geht Max zum Fußball. Ein befreundeter Vater aus der Nachbarschaft nimmt Max im Auto mit zum Training, denn sein Sohn, Lasse, geht auch dorthin. Heute jedoch kann der Vater Max nicht mitnehmen, denn Lasse hat Besuch von seinen zwei Cousins, und die wollen auch mit zum Training. Im Auto ist kein Platz mehr, also bittet der Vater Johanna, ihren Sohn ausnahmsweise einmal selbst zum Sport zu bringen. Er möchte sich auch abgrenzen, weil er häufig verantwortlich für Max ist. Oft bittet Johanna ihn zum Beispiel, am Wochenende auf Max aufzupassen oder ihn vom Kindergarten mitzunehmen. Als Johanna hört, dass Lasses Vater ihren Sohn zugunsten seiner Neffen nicht mitnimmt, wird sie wütend. »Du weißt genau, dass der Weg zum Training mit dem Bus umständlich ist«, schimpft sie. »Das kannst du mir doch nicht zumuten!« Fortan schneidet sie ihn.

Johanna hat nicht gelernt, sich in den Kopf ihres Gegenübers hineinzuversetzen und dessen Motive korrekt nachzuvollziehen. Statt zu verstehen, dass der Vater diesmal keinen Platz im Auto hat und sie ihn vielleicht manchmal überfordert, empfindet sie ihn nun als »böse«. In anderen Worten: Johanna schiebt ihre eigenen »bösen« Gefühle dem Vater von Lasse unter. Damit ist ihre fragile emotionale Balance zwar einigermaßen wiederhergestellt – aber sie hat nun einen Freund weniger. Könnte Johanna mentalisieren, das heißt hinter den Handlungen ihres Gegenübers dessen Gefühle und Absichten korrekt interpretieren, wäre es nie zu dieser Situation gekommen.

Nur mithilfe emotional kompetenter Bindungspersonen gelingt es Kindern, eine stimmige psychische Identität zu entwickeln und angemessen zwischen Realität und Fantasie, zwischen den eigenen Gefühlen und den Gefühlen anderer Menschen zu unterscheiden. Man könnte auch sagen: Nur durch die Erfahrung der Elternliebe lernt das Kind, sich selbst und auch andere bedingungslos lieben zu können. Unsere frühen Bindungsbeziehungen prägen jedoch nicht nur unsere Fähigkeit, eigene Gefühlszustände zu regulieren und das Verhalten unserer Mitmenschen nachvollziehen zu können. Sie beeinflussen – wie wir nun sehen werden – auch unsere Gehirnverschaltungen. Ob im Guten oder im Schlechten: Auch unser Gehirn ist lebenslang geprägt von den Beziehungserfahrungen unserer ersten Lebensjahre.

Rechtshirn an Rechtshirn: Wie die Bindungsbeziehung das Gehirn des Kleinkinds formt

Wenn ein Kind auf die Welt kommt, ist sein Gehirn noch weit davon entfernt, voll und ganz funktionstüchtig zu sein. Es kann noch nicht »richtig« denken, fühlen oder reflektieren. »Das Gehirn des Neugeborenen ist sozusagen ein Rohling, der erst ausgeformt werden muss«, erklärt der Erlanger Neurobiologe Prof. Dr. Ralph Dawirs.[30] Zum einen ist das Gehirn des Säuglings noch zu klein, um komplexere Vorgänge leisten zu können: Wäre es größer, würde es schlichtweg nicht mehr durch den Geburtskanal passen. Zum anderen ist die Unfertigkeit des Gehirns für die weitere Entwicklung des Babys durchaus sinnvoll. Denn das kindliche Gehirn ist auf »Input« von außen angewiesen, um sich an die vorherrschenden Umweltbedingungen anpassen zu können.

Ob das Baby nun in einen Nomadenstamm in der Gobi-Wüste, ein bayrisches Dorf am Alpenrand oder den Moloch Mexiko-City mit 20 Millionen Einwohnern hineingeboren wird – die Reizempfänglichkeit und Anpassungsfähigkeit des sich entwickelnden Gehirns sorgt dafür, dass im Kopf des Kindes das nötige »Finetuning« stattfindet, um sich an die Gegebenheiten anpassen zu können. Während etwa eine Niere nach einem exakten anatomischen Bauplan konstruiert wird, formt sich die Gehirnstruktur des Säuglings entlang der äußeren Eindrücke des Kindes.

Die Formbarkeit des kindlichen Gehirns ist das Ergebnis seines einzigartigen Aufbaus. Das Gehirn eines Neugeborenen enthält etwa 100 Milliarden Nervenzellen – ungefähr die gleiche Anzahl wie bei einem Erwachsenen. Diese Nervenzellen allerdings müssen erst vernetzt werden, um Eindrücke und Informationen speichern zu können. Schon im ersten Vierteljahr ereignet sich deshalb im Gehirn des Babys ein wahres Feuerwerk an Vernetzungsprozessen: Gesteuert durch eine Schwemme an frühkindlichen Erfahrungen – riechen, schmecken, hören, tasten, kommunizieren – entsteht ein dichtes Netzwerk aus Billionen Schaltstellen zwischen den Nervenzellen, Synapsen genannt.

Unablässig arbeitet das kindliche Gehirn daran, neue Kommunikationswege zu schaffen, damit es die unzähligen Sinneseindrücke verarbeiten und abspeichern kann. So rasant nimmt die Anzahl der Synapsen zu, dass das Kind bereits im Alter von zwei Jahren über 100 Billionen Kontaktstellen zwischen Nervenzellen verfügt – nun etwa so viele wie bei einem Erwachsenen. Im Alter zwischen zwei und drei Jahren verdoppelt sich die Zahl der Synapsen noch einmal, denn jetzt setzt der Spracherwerb ein.

Die Aktivität im kindlichen Gehirn ist also ungemein hoch. Da verwundert es kaum, dass das Gehirn eines dreijährigen Kindes einen fast doppelt so hohen Glukoseverbrauch hat wie das eines Erwachsenen. Um arbeiten zu können, benötigt es fast fünfzig Prozent des täglichen Kalorienbedarfs. Diese Entwicklungen schlagen sich natürlich auch im rasanten Wachstum des kindlichen Gehirns nieder. Bei der Geburt wiegt das Gehirn eines Babys etwa 300 Gramm, ungefähr so viel wie ein Salatkopf. Doch in nur 12 Monaten verdoppelt sich sein Gewicht auf 750 Gramm. Im fünften Lebensjahr dann bringt das kindliche Gehirn ein Gewicht von 1300 Gramm auf die Waage, ungefähr so viel wie ein Erwachsenengehirn. Erst in der Pubertät baut sich die Zahl der Synapsen aber wieder ab, bis die für Erwachsene typische Anzahl von 100 Billionen wieder erreicht ist. Dann sind alle Leitungen endgültig geknüpft und funktionieren optimal – nicht benötigte Vernetzungen werden einfach wieder gelöscht. Das definitive Endgewicht erreicht das menschliche Gehirn erst in der Pubertät, wenn die grundlegendsten Lernprozesse des Gehirns abgeschlossen sind.

Das schnellste Gehirnwachstum tritt beim Menschen in der Phase zwischen null und drei Jahren auf – deshalb sind die Erfahrungen, die Babys und Kleinkinder in dieser Zeit machen, so »unerinnerbar und unvergesslich«, wie der Neurowissenschaftler Douglas F. Watt schrieb. Denn in dieser kritischen Reifungsperiode brennen sich wiederholte Erlebnisse direkt in das sich aufbauende Gehirn ein. Das funktioniert so: Bei jeder Interaktion zwischen Kind und Umwelt reagieren Tausende von Nervenzellen. Bereits aufgebaute Verbindungen zwischen Nervenzellen werden dabei intensiviert und neue Verbindungen geknüpft. Wiederholen sich diese Erfahrungen oder Eindrücke über die Zeit, festigen sich die Verbindungen zwischen den Nervenzellen. Das heißt, dass die elektrischen Signale zwischen den Nervenzellen immer wieder entlang derselben Verknüpfungen verlaufen, quasi wie Regenwasser, das stets entlang derselben Rinnen in den Fluss fließt und die Rinne dabei jedes Mal ein wenig vertieft. Haben die elektrischen Signale eine gewisse Kraft erreicht, prägen sich die Verknüpfungen so sehr ins Gehirn ein, dass sie bis ins Erwachsenenalter erhalten bleiben.

Macht ein Kind also wiederholt freudige Erfahrungen, zum Beispiel mit der Mutter, die das Kind verlässlich und liebevoll umsorgt, bilden sich für den Rest seines Lebens viele stabile Verknüpfungen und Rezeptoren für Freude. Macht ein Kind wiederholt ängstigende Erfahrungen, brennt sich diese tiefe Angst in das neuronale Netzwerk seines Gehirns ein und kann stets schnell wieder aktiviert werden. Es ist dann prädestiniert für Ängste oder Angsterkrankungen. »Die endgültigen Verschaltungen zwischen den Fortsätzen der Nervenzellen werden durch die von jedem Kind in seiner jeweiligen Lebenswelt selbst gesammelten Erfahrungen in einer bestimmten nutzungsabhängigen Weise herausgeformt und stabilisiert«, erklärt der Gehirnforscher Gerald Hüther. »Die von seinen Eltern gestalteten Entwicklungsbedingungen und die in der jeweiligen Herkunftsfamilie herrschenden Rahmenbedingungen haben also einen ganz entscheidenden Einfluss darauf, wie sich das Gehirn des Kindes entwickelt.«[31]

Doch nicht nur die endgültigen Verschaltungen zwischen den Nervenzellen ereignen sich bereits in frühester Kindheit – der kindliche Organismus legt außerdem in den ersten Lebensmonaten einen »Sollwert« für eine normale Erregungsspanne fest. Ein sicher gebundener, zufriedener und neugieriger Säugling entwickelt als Sollwert vielleicht den Zustand »aufmerksame Entspannung«, weil dies eben sein Normalzustand ist. Ein unsicher gebundener und unruhiger Säugling hingegen entwickelt möglicherweise den Sollwert »ängstliche Aufmerksamkeit«. Ihn durchfluten viel mehr Stresshormone als den zufriedenen Säugling. Die organischen Systeme des Kindes bemühen sich nun immer wieder um die Aufrechterhaltung dieses Sollwerts. Wird die normale Erregungsspanne durch irgendwelche Aktivitäten über- oder unterschritten, tritt der Organismus des Kindes in Aktion, um den Sollwert wieder herzustellen. Gerät der zufriedene Säugling vielleicht in Rage, weil er wütend oder ängstlich ist, kehrt er nach der Beruhigung durch seine Bindungsperson wieder zum Sollwert »aufmerksame Entspannung« zurück. Entspannt sich der sonst so unruhige Säugling, bemüht sich sein kleiner Organismus ebenfalls, ihn wieder auf ein gewisses Stressniveau hochzufahren – weil sein Körper diesen erregten Zustand eben als Normalzustand ausgerufen hat. Die Bindungsbeziehung prägt folglich auch den Schaltkreis der Stressregulierung.

Diese Prägung bleibt lebenslang erhalten, weil sie im Rechtshirn gespeichert wird. Diese Hirnhälfte wächst zwischen dem Ende des dritten Schwangerschaftstrimesters und dem zweiten Lebensjahr des Kindes heran. Sie ist für den Ausdruck und die Kommunikation unserer eigenen Gefühle und den unbewussten Empfang der Gefühle anderer Menschen zuständig. Schaut man mithilfe bildgebender Verfahren der Neurowissenschaft einem zwei Monate alten Säugling während des freudigen Blickkontakts mit der Mutter »ins« Gehirn, zeigt nur seine rechte Hirnhälfte starke Aktivität. Auch im Erwachsenenalter bleibt das in frühester Kindheit angelegte Rechtshirn noch dominant. Denn es lenkt alle Funktionen, die sich unterhalb unserer Bewusstseinsschwelle ereignen: Bauchkribbeln bei Aufregung, Herzbeschleunigung bei Stress, Fluchtreaktionen bei Gefahr sowie die Steuerung unseres Immunsystems. Haben wir als Kind viel Stress erfahren, bleibt dieses Stress-System lebenslang in unserem Rechtshirn gespeichert.

Die linke Hirnhälfte hingegen fängt erst im Laufe des zweiten Lebensjahres richtig zu wachsen an – erst dann, wenn das Kleinkind bereits Drei-Wort-Sätze bilden kann. Sie ist für unsere Sprachfähigkeit und weitere abstrakt-intellektuelle Funktionen verantwortlich und wird frühestens ab dem vierten Lebensjahr voll funktionstüchtig. Weil das bewusste Sprechen und Denken so ein wichtiger Bestandteil unseres Lebens ist, wird sie allgemein als dominantere Hirnhälfte betrachtet. Doch das Gegenteil ist der Fall: Das bereits in unseren ersten drei Jahren »geformte« Rechtshirn steuert einen Großteil unserer emotionalen Funktionen und physiologischen Regelmechanismen.

Weil die rechte Gehirnhälfte vor allem von unseren frühen Bindungserfahrungen geprägt ist, nennt der Neuropsychoanalytiker Allan N. Schore die emotionale Kommunikation zwischen Mutter und Kind »Rechtshirn-an-Rechtshirn-Kommunikation«. Denn auch bei der Mutter steuert natürlich das Rechtshirn den emotionalen Ausdruck. »Die Rechtshirn-an-Rechtshirn-Kommunikation zwischen Mutter und Baby geschieht weitgehend intuitiv, denn im Gegensatz zum Sprachsystem des Linkshirns ist das Emotionssystem des Rechtshirns sehr schnell und spontan«, erklärt Allan N. Schore. »An sich ist diese Art der emotionalen Kommunikation nicht besonders komplex«.[32] Fast wie ein Computer synchronisiert das mütterliche Rechtshirn das Rechtshirn des Kindes und programmiert die Fähigkeit zum Fühlen und Gefühle-Lesen dort ein.

Auch die hormonellen Reaktionen und Muster der neuronalen Verbindungen im kindlichen Gehirn sind im weitesten Sinne ein Spiegelbild der mütterlichen Gefühlsregulation. Denn auch im Gehirn des Babys lösen die synchronisierten emotionalen Kommunikationen Stoffwechselvorgänge aus. Das komplexe Nervensystem der Mutter reguliert also nicht nur das sich entwickelnde Gefühlssystem des Säuglings – sondern auch dessen kardiovaskuläres, neuroendokrines und autonomes Nervensystem. In anderen Worten: Die Mutter steuert die Gefühle, den Blutdruck und die Hormonausschüttungen ihres Babys – zu dessen Wohl oder auch zu seinen Lasten. Die meisten Kinder erhalten über die sichere Bindungsbeziehung die gute psychobiologische Stressregulierungsfähigkeit ihrer Bindungsperson. Im »worst case scenario« aber übernehmen Babys von depressiven Müttern auf diesem Wege deren gestörte psychobiologische Affektregulierung und erhalten somit einen genetischen »Fingerabdruck« für Depression.

Es hängt also unglaublich viel an der Qualität der frühen Bindungsbeziehung. Wie gut wir unsere eigenen Gefühle spüren lernen, wie gut wir die Gefühle anderer lesen können und mit eigenen Empfindungen wie Wut, Angst oder Stress umgehen oder Beziehungen aufbauen können – das alles ist ein Resultat des »emotionalen Schnellkurses«, der uns bereits in frühesten Jahren zuteil wird. Über die zärtlichen Berührungen, die melodiöse Stimme, die tröstende Mimik und Gestik und letztendlich die ermunternden Worte unserer verlässlichen Bindungsperson programmiert sich unser Rechtshirn auf Beziehung und damit auch auf die Fähigkeit zur Selbstregulation. Hunderte solcher Interaktionen müssen wir erleben, damit sich in unserem Gehirn die entsprechenden Nervenzellen verknüpfen und zu lebenslangen Verbindungen zusammenschließen. Gelingt dies nicht, haben wir unter Umständen für den Rest unseres Lebens in manchen Bereichen Schwierigkeiten.

Von dieser Erfahrung erzählt auch der deutsche Schriftsteller Hanns-Josef Ortheil in seinem autobiographischen Roman »Die Erfindung des Lebens«. Rückblickend beschreibt Ortheil, wie er aufgrund seiner traumatischen Kindheitsgeschichte das Gefühle-Lesen und Gefühle-Benennen kaum hatte lernen können. Ortheil wurde 1951 als fünfter und zugleich einzig überlebender Sohn seiner Eltern in Köln geboren. Seine vier älteren Brüder waren allesamt als Kleinkinder im Krieg ums Leben gekommen oder als Totgeburten auf die Welt gekommen. Nach diesen schweren Schicksalsschlägen verstummte Ortheils Mutter. Jahrelang kommunizierte die in tiefe Trauer versunkene Mutter mit ihrem verbleibenden Sohn nur über Mimik, Gesten und Berührungen. Es gab also keine Worte, keine emotionale Sprache, keine Erklärungen für die vielen verwirrenden und traurigen Gefühle, die Ortheil und seine Mutter umgaben. Bis zu seinem siebten Lebensjahr blieb auch Ortheil vollkommen stumm und lernte erst dann mit Hilfe seines Vaters zaghaft sprechen.

Lange Jahre fiel es ihm schwer, auszudrücken, was in ihm vorging – denn er hatte es schlichtweg nicht lernen können. »Selbst in späteren Jahren habe ich es nur sehr selten und dann auch nur gegen die größten Widerstände fertiggebracht, anderen von meinen Empfindungen und Gefühlen zu erzählen«, erklärt Ortheils Protagonist. »Für all diese Empfindungen und Gefühle hatte ich keine Worte, denn die Worte, die ich so mühsam gelernt und dann miteinander verbunden hatte, bezogen sich noch immer auf die direkt zugänglichen, sinnlich wahrnehmbaren Gegenstände. Alles, was darüber hinausging, gehörte für mich in das Reich des Ungefähren und war daher schwer zu benennen und erst recht nicht zu beschreiben.«[33]

Ortheils rechte Hirnhälfte war aufgrund seiner frühen Kindheitserlebnisse anscheinend nicht gut entwickelt, das Fühlen fiel ihm schwer. Doch dafür entwickelte seine linke »sprechende, lesende und schreibende« Hirnhälfte eine besondere Leistungsfähigkeit: Ortheil wurde nicht nur zu einem hervorragenden Schriftsteller, sondern auch zu einem exzellenten Pianisten. Schreiben und Musizieren wurden für den ehemals stummen Jungen also Vehikel, um seine Gefühle für sich besser spürbar und mitteilbar zu machen. Letztendlich hat Ortheil mit »Die Erfindung des Lebens« nicht nur ein trauriges, sondern zugleich auch ein tröstliches Buch geschrieben: Anhand der eigenen Geschichte demonstriert der Schriftsteller, dass Menschen mit schwierigen Startbedingungen nicht nur emotional nachreifen können, sondern auch gerade aufgrund ihrer besonderen Lebensgeschichten spezielle Talente erwerben können.

»Das menschliche Gehirn bleibt lernfähig und offen für neue Erfahrungen«, erklärt auch die renommierte Säuglingsforscherin Mechthild Papoušek. »Teufelskreise können durch Engelskreise ersetzt werden«.[34] Ein Kind, das in seinen frühesten Jahren keine guten Bedingungen vorfindet, kann sich mit viel Unterstützung später trotzdem gesund entwickeln. Und schließlich zeichnen unterschiedliche Erfahrungswelten, Stärken und Schwächen und sogar ein erträgliches Maß an Leidensdruck auch die Individualität eines Menschen aus.

Sollte auf den vorigen Seiten nun also der Eindruck entstanden sein, dass nur diejenigen Eltern gute Eltern sind, die in jeder Stunde und Minute perfekt auf die Bindungsbedürfnisse ihrer Kinder eingehen – dann wollen wir diesen Eindruck auf den nächsten Seiten umgehend revidieren. Für eine gesunde kindliche Gefühlsentwicklung sind nämlich auch gelegentliche Frustrationserlebnisse wichtig. Schon kleine Kinder müssen mit Gefühlen wie Trauer, Wut, Scham oder Enttäuschung in Kontakt kommen, um den Umgang mit ihnen zu erlernen. Ein gewisses Maß an Dissonanz in der Eltern-Kind-Beziehung ist gesund und sogar notwendig. Eine gute Botschaft für alle Eltern, die manchmal das Gefühl haben, im Umgang mit ihren Kindern ganz und gar nicht perfekt zu sein.

3

Mit Wut, Frust und Traurigkeit umgehen lernen

**Warum perfekte Eltern keine guten Eltern sind
und kleine Kinder auch
negative Gefühlserlebnisse brauchen**

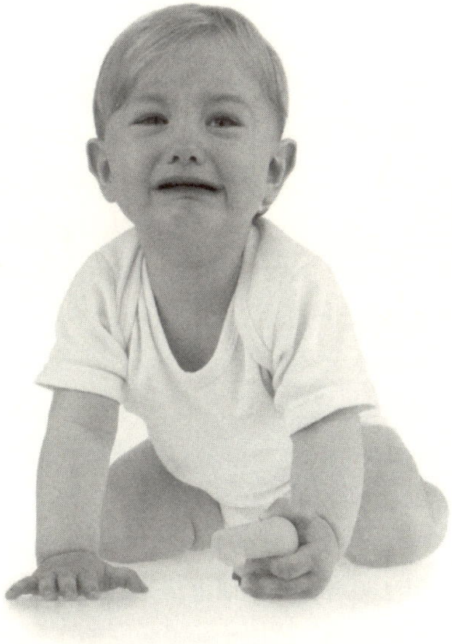

Sechs Tage alt war die kleine Louise, als die Psychotherapeutin Juliet Hopkins von der Londoner Tavistock Clinic sie im Rahmen einer Mutter-Kind-Beobachtung zum ersten Mal traf. Louise war ein zufriedenes Baby. Sie schrie kaum – und wenn, dann wusste ihre Mutter sofort, was Louise gerade fehlte. Auch in den nächsten Monaten besuchte Juliet Hopkins Louise oft und war immer wieder beeindruckt von der ausgeprägten Harmonie zwischen Mutter und Tochter. Erstaunlich fand sie vor allem, dass Louises Mutter stets für den nächsten Entwicklungsschritt ihrer Tochter bereit zu sein schien. Als das kleine Mädchen nach vier Monaten erste Autonomiebestrebungen zeigte und auf dem Schoß zu strampeln begann, verstand ihre Mutter sofort und legte sie auf den Boden, um dann aufmerksam neben ihr sitzen zu bleiben und auf weitere Signale ihrer Tochter zu warten. »Louise führte, und Mrs. L. folgte«, beobachtete Juliet Hopkins. »Die Mutter zeigte auch mit dem fortgeschrittenen Alter ihres Kindes keine Änderung in ihrem Verhalten sondern blieb genauso empathisch und auf Louises Bedürfnisse eingestellt wie vorher. Sie schien zu wollen, dass Louises Leben eine Idylle war, in der es keinen Raum für Konflikte, Unzufriedenheit oder Ärger geben sollte«.[35]

Juliet Hopkins war beeindruckt von der engen Verbindung zwischen Mrs. L. und Louise. Eine sichere Bindung schien vorprogrammiert, wuchs das kleine Mädchen doch in einem idealen Umfeld auf. Doch je älter Louise wurde, desto mehr Risse zeigten sich in dem vermeintlich idyllischen Verhältnis zwischen Mutter und Tochter. Trotz der Tatsache, dass sich Mrs. L. nach wie vor bemühte, ihrer Tochter auch das noch so kleinste Frustrationserlebnis zu ersparen, entwickelte Louise Schlafstörungen und behandelte ihre Mutter mit fortschreitender Zeit mehr wie einen Gegenstand denn wie ein Gegenüber. Auch zeigte sie Mrs. L. kaum Zuneigung, sondern schien stattdessen überzeugt, ihre Mutter wolle sie vergiften: Als Zweijährige nahm sie Nahrung nur noch vom Vater an, nicht mehr von der Mutter.

Als Louise drei Jahre alt war, kam ihre Schwester zur Welt, wodurch sich Louises egozentrisches Verhalten noch verstärkte. Doch statt sich vermehrt um die Liebe der Mutter zu bemühen, legte sie der Mutter gegenüber Verachtung an den Tag und äußerte auch ihrer kleinen Schwester gegenüber Hassgefühle. »Sie schien nicht in der Lage zu sein, Empathie für jemanden zu empfinden. Und sie sagte niemals ›danke‹, ›bitte‹ oder ›Entschuldigung‹«, beobachtete Hopkins. »Sie war ein Opfer extremer Ambivalenz und hatte es anscheinend nicht gelernt, eine persönliche Motivation für das Erringen von Liebe oder Zuwendung zu entwickeln.« Louises Mutter war am Boden zerstört: »Wie kann es ihr so schlecht gehen, wenn sie doch so geliebt wurde?«, fragte sie Juliet Hopkins.

Mrs. L. hatte verzweifelt eine gute Mutter sein wollen und doch vieles falsch gemacht. Auf den ersten Blick scheint uns das kaum einleuchtend, sind wir doch überzeugt, dass eine gute Mutter – beziehungsweise Bindungsperson – ihrem Kind gegenüber so zugewandt wie möglich sein sollte. Experten sind sich jedoch seit Jahrzehnten einig, dass eine »gute« Mutter zwar feinfühlig sein sollte, aber nicht besser als »gut genug«. Denn eine Mutter, die in der Beziehung zu ihrem Kind immerwährende Harmonie anstrebt, läuft Gefahr, ihrem Sprössling in seiner Entwicklung ungewollt zu schaden. Dies mag paradox klingen, vor allem in Zeiten, in denen uns die Medien nahezu täglich über misshandelte und missachtete Kinder informieren

– und in denen sich Eltern vielleicht mehr denn je unter Druck setzen, »gute Eltern« zu sein: Sie lesen Erziehungsratgeber, buchen PEKIP-Kurse und haben dabei dennoch ein »Dauerabo« auf ein schlechtes Gewissen, wie die Zeit-Journalistin Mariam Lau jüngst in einem Artikel über moderne Mütter schrieb.[36] Viele Kinderpsychologen jedoch sehen im so genannten »too good mothering« nicht nur eine extreme Form der Verwöhnung, sondern auch eine Form der emotionalen Vernachlässigung.

Optimale Frustration: Schon Babys dürfen unzufrieden sein

Ein kleines Maß an Frust tut selbst Babys schon gut. Bereits 1958 erkannte der berühmte britische Kinderpsychoanalytiker Donald W. Winnicott, dass die meisten Mütter irgendwann innerhalb der ersten sechs Monate beginnen, ihren Babys kurze Momente der Unzufriedenheit zuzumuten. »Anfangs passt sich die Mutter noch voll und ganz an die Bedürfnisse des Babys an«, beobachtete er. »Über die Zeit geht sie jedoch weniger und weniger perfekt auf das Kind ein, parallel zur wachsenden Fähigkeit des Kindes, damit umgehen zu können«.[37] Waren die Babys schon ein paar Monate alt, ließen die Mütter sie also eher mal kurz quengeln, wenn sie keine Zeit hatten. Winnicott dachte lange darüber nach und kam schließlich zum Ergebnis, dass diese kurzen Phasen der Frustrierung eine wichtige Funktion für das Kind hatten. Durch den schrittweisen Rückzug der Mutter, so Winnicott, eignet sich das Kind wichtige Fähigkeiten an: Es erfährt, dass seine Bedürfnisse nicht immer sofort erfüllt werden können und lernt notgedrungen, seine inneren Spannungszustände bis zu einem bestimmten Grad selbst zu regulieren – etwa, indem es sich ablenkt oder durch Daumenlutschen oder den Schnuller selbst beruhigt. Außerdem erfährt das Kind, dass andere Menschen nicht dieselben Bedürfnisse wie es selbst haben. »Optimale Frustration« nannte der Kinderpsychoanalytiker Winnicott deshalb diesen Vorgang.

Heute vertreten so gut wie alle Kinderpsychologen die These von der »optimalen Frustration«. Denn für Babys ist es äußerst wichtig, negative Gefühlserfahrungen zu machen, um mit eben diesen Gefühlen umgehen zu können und sich selbst beruhigen zu lernen. Sofern diese Dissonanzen nur von kurzer Dauer sind, ist die Bindung zwischen Mutter (beziehungsweise Vater) und Kind davon nicht weiter beeinträchtigt. Alle Eltern, die ihr Baby gelegentlich quengeln lassen, weil sie einfach eine Pause brauchen, werden nun erleichtert aufatmen: Sie tun genau das Richtige. Perfekte Eltern hingegen, die ihrem Baby jeden Wunsch von den Lippen ablesen, jedem Quengeln nachgeben und es nicht ertragen können, wenn ihr Kind unzufrieden ist, laufen trotz bester Intentionen Gefahr, ihren Kindern damit zu schaden.

Winnicott selbst stellte der »hinreichend guten Mutter« (good enough mother) die »zu gute Mutter« (too good mother) gegenüber, die alle Bedürfnisse ihres Kindes auf der Stelle zu befriedigen versucht und das Baby bereits beruhigt, während ein Gefühl oder Bedürfnis bei ihm noch im Entstehen ist. Sie nimmt ihrem Kind damit die Möglichkeit, selbst herauszufinden, was es fühlt.

Auch die britische Psychoanalytikerin Judith Jackson von der Tavistock Clinic in London, die mit zahlreichen Eltern-Kind-Paaren arbeitet und mehrere Artikel über »too good mothering« verfasst hat, stimmt Winnicott zu: »Die ›zu gute Mutter‹ würde den Bedürfnissen ihres Kindes am liebsten vorgreifen«, erklärt Jackson. »Sie würde das Kind schon füttern wollen, bevor es überhaupt mit einem Hungergefühl aufwacht. Und das ist natürlich schlecht für das Kind. Vielleicht würde es ja gar nicht vor Hunger weinen, sondern weil es Bauchschmerzen hat oder Stimulation benötigt oder einfach anders liegen will. Es muss ja selbst erst mal herausfinden lernen, was es eigentlich will oder braucht. Und dafür benötigt es diese kleinen Frustrationserlebnisse – natürlich im Rahmen seiner Möglichkeiten, sie zu bewältigen. So lernt das Kind, Neugier auszubilden und sich selbst abzulenken, wenn die Befriedigung seiner Bedürfnisse leicht verzögert eintritt.«[38]

Doch ab wann können Eltern ihrem Baby ein gewisses Maß an Frust und Unzufriedenheit zumuten? Noch nicht von Anfang an. Neugeborene sind noch nicht fähig zu diesen Lernerfahrungen. In den ersten Wochen oder Monaten sind die Bedürfnisse des Kindes noch viel zu intensiv und drängend. Ob Hunger oder Müdigkeit, eine volle Windel oder Langeweile – das Kind versteht selbst noch nicht, was los ist und vermag nicht lange zu warten. Es nützt also nichts, ein Baby zu rigiden Stillabständen von vier Stunden erziehen zu wollen – diese Art der Pädagogik geht völlig an den Bedürfnissen des Kindes vorbei.

Irgendwann innerhalb der ersten drei oder vier Monate allerdings kann es dem Kind zugemutet werden, kurz frustriert zu werden. Denn jetzt entwickelt das sicher gebundene Baby langsam die Gewissheit, dass im Hintergrund eine verlässliche Mutter oder ein verlässlicher Vater ist, der das Kind versorgen wird. Werden seine Bedürfnisse dann nicht mehr umgehend erfüllt, gerät es nicht mehr ganz so außer sich wie in der ersten Zeit. Es schimpft vielleicht, aber das ist nicht weiter schlimm. Möglicherweise hat es schon gelernt, seinen Daumen in den Mund zu stecken und sich so kurz zu beruhigen.

»Babys brauchen die Erfahrung, mit kleinen Frustrationen und Belastungen selbst fertig zu werden«, glaubt auch die renommierte Säuglingsforscherin Mechthild Papoušek. »Sie entwickeln dabei Fähigkeiten, sich zu regulieren, indem sie sich ablenken, an den Händchen saugen, sich beruhigen. Vielleicht auch: Indem sie kreativ werden und auf andere Möglichkeiten kommen, an die Eltern zu appellieren. Bedient man laufend jedes Quengeln, entgehen den Babys wertvolle Lernerfahrungen. Man kann auch sagen: Sie werden verwöhnt – und dabei ziemlich schnell unzufrieden.«[39] Schreit sich ein Kind allerdings in Rage oder gerät zunehmend in Verzweiflung, muss es selbstverständlich schnell von den Eltern beruhigt werden.

Beziehungen reparieren: Sich wieder vertragen lernen

Donald W. Winnicott fiel allerdings noch ein weiterer wichtiger Nebeneffekt des kurzen Quengeln-Lassens auf: Er fand heraus, dass Babys auf diesem Wege nicht nur lernen, sich selbst zu beruhigen – sondern außerdem ein Gefühl der Selbstwirksamkeit erhalten. Erreicht ein Baby durch anhaltendes Quengeln, dass die Mutter tatsächlich kommt, lernt es, dass eigenes Handeln zu den gewünschten Ergebnissen führen kann. Die Welt ist nicht mehr nur ein Ort, an dem einem Baby lediglich etwas »zustößt«, sondern auch ein Ort, den das Baby schon aktiv mitgestalten kann.

Das gilt natürlich auch für Beziehungen. Gerade in Spannungssituationen, in denen die Mutter vielleicht nicht versteht, weshalb ihr Kind gerade wütend schreit, ist die Erfahrung der gemeinsamen Wiederherstellung des Kontakts zueinander bedeutsam für das Kind. Nicht nur der Mutter fällt es in diesen Situationen nämlich zu, ihr Kind durch Blicke, Gesten oder Zärtlichkeit zu beruhigen – auch kleine Babys mühen sich schon nach eigenen Kräften, den Kontakt zur Mutter wiederherzustellen, indem sie ihr vielleicht tief in die Augen schauen und dann zu lächeln beginnen. Für das Baby eine unendlich wichtige Erfahrung, lernt es doch, dass Stress und Unstimmigkeiten in einer Beziehung normal sind und durch gemeinsame Anstrengung wieder behoben werden können. Schon in frühester Kindheit wird dieses Reparatursystem etabliert und bereits mit einem Jahr haben sicher gebundene Kinder diese Erfahrung verinnerlicht – und somit ein Stück mehr Selbstvertrauen und emotionale Sicherheit gewonnen.

Allan N. Schore beschreibt diese Art der Interaktion zwischen Mutter und Kind als »Kreislauf von Bruch und Wiederherstellung« und nennt das Reparatursystem zwischen Mutter und Kind »interactive repair«. Für Schore ist diese Erfahrung ein Meilenstein auf dem Weg zu einer gesunden psychischen Entwicklung. »Im Hinblick auf die Entstehung schwerer psychischer Krankheiten spielt nicht so sehr mangelnde Übereinstimmung zwischen Mutter und Baby eine Rolle als die Abwesenheit von *interactive repair*«, erklärt der Psychoanalytiker. »Nur so können kleine Kinder lernen, auch negative Emotionen auszuhalten, nur so können sie Resilienz erwerben. Kinder müssen ja lernen, nicht nur mit Gefühlen von Freude und Aufregung klarzukommen, sondern auch mit Gefühlen von Traurigkeit oder Scham.«[40]

Bieten Mütter ihren Babys und Kleinkindern also keine Gelegenheit, Dissonanzen in der Beziehung auszuhalten, erfahren die Kinder auch nicht, dass »schlechte« Gefühle gemeinsam bewältigt werden können. Und sie lernen nicht, dass ein gewisses Maß an Eigeninitiative notwendig ist, um sich gegenseitig wieder in Einklang zu bringen. Können sie dies nicht, fällt es ihnen später möglicherweise schwer, sich bei Konflikten in Freundschaften oder Beziehungen um eine Lösung zu bemühen – weil sie eben gelernt haben, dass andere dies stets für sie tun.

Wichtig ist außerdem, dass schon kleine Kinder die Erfahrung machen, dass ihre Bindungsperson gleichzeitig gut *und* schlecht ist. Nur wenn das Kind erfährt, dass die Mutter ihm gleichermaßen Liebe schenken sowie Frustrierungen zumuten kann, wird sie wirklich spürbar für das Kind. »Eine Mutter, die sich jenseits der ersten Lebensmonate perfekt an die Bedürfnisse ihres Babys anpasst, ist keine gute Mutter«, schreibt auch Winnicott. »Für das Kind wirkt die genaue Anpassungsfähigkeit der Mutter wie Magie. Eine Mutter, die sich so verhält, ist kaum besser als eine Halluzination.« Er warnt, dass Kinder von too good mothers letztendlich nur zwei Möglichkeiten haben: »Entweder sie ziehen sich in einen permanenten Zustand der Regression und Symbiose mit der Mutter zurück. Oder sie inszenieren eine totale Zurückweisung der scheinbar guten Mutter.«

Genau dies schien im Falle der kleinen Louise passiert zu sein. Louise lehnte das Essen ihrer Mutter ab, weil sie sich ohnehin schon »vergiftet« von der Mutter fühlte. Vielleicht spürte sie, dass ihre Mutter ihr stets etwas »Falsches«

gab. Durch ihr verwöhnendes Verhalten ermutigte Mrs. L. unwillentlich Gefühle der Allmacht in ihrer Tochter – und führte somit genau die Situation herbei, die sie zu vermeiden versucht hatte, nämlich eine Beziehung, die nicht von ewiger Liebe, sondern von Aggression und Verachtung geprägt war. Das kleine Mädchen hatte sich weder um die Liebe der Mutter bemühen dürfen noch konnte sie die bereichernde Erfahrung der »Selbstwirksamkeit« machen, das heißt lernen, dass eigenes Handeln irgendwann zu den gewünschten Ergebnissen führt.

»Louise wurde der Möglichkeit beraubt, zu lernen, sowohl positiven Gefühlen entsprechend handeln zu können als auch unangenehme Gefühle bewältigen zu können«, schlussfolgerte die Kinderpsychoanalytikerin Juliet Hopkins. »Ihre Mutter hatte sich stets unabkömmlich gemacht und ihre Tochter so gelehrt, passiv und abhängig zu bleiben. Dieser Fall zeigte mir: Gerade Erfahrungen von Frustration und Konflikt sind – im Zusammenspiel mit einer erfolgreichen »Lösung« des Konfliktes und einer Wiederherstellung der Harmonie – unabdingbar für die kindliche Entwicklung.«

Kurze Momente des Missverstehens, der Dissonanz, des Warten-Müssens sind für größere Babys und Kleinkinder also keine Schwierigkeit und wirken dem Entstehen einer sicheren Bindung überhaupt nicht entgegen. Im Gegenteil, ein zu nachgiebiger elterlicher Erziehungsstil befördert einen ungesunden Narzissmus beim Kind, der im schlimmsten Fall später zu Verhaltensproblemen führt. Verwöhnte Kinder erwarten nämlich auch später häufig, die Rolle des Prinzen oder der Prinzessin auszufüllen. Konkurrenz zu ertragen, sich bewähren zu müssen, Anweisungen von Lehrern oder Vorgesetzten zu erhalten, ob in der Schule oder später im Beruf, wird ihnen schwerfallen. »Für mich stellt der Erziehungsstil des too good mothering eine Form der Vernachlässigung dar«, erklärt die Psychoanalytikerin Judith Jackson. »Kinder, denen zu viel gegeben wurde, sind genauso vernachlässigt wie Kinder, denen zu wenig gegeben wurde. Nur kommen sie vom anderen Ende des Spektrums.«

Too good mothering: Die Not der Mütter

Was bewegt eine Mutter – oder einen Vater – dazu, ein Kind derart zu verwöhnen? Meist kann die Bindungsperson die negativen Gefühlsausdrücke ihres Kindes wie Wut, Scham oder Traurigkeit nicht ertragen, weil diese Emotionen sie selbst an unbewusste und unbewältigte Erfahrungen erinnert. An die eigene Kindheit vielleicht, mit einer Mutter, die sich um die ängstlichen oder wütenden Gefühle ihres Kindes nicht gut gekümmert hat. Oder an den Hass, den sie heute ihrer Mutter gegenüber fühlt – und den das eigene Kind nun keinesfalls übernehmen soll.

»In seiner eigenen Not projiziert der Erwachsene seine Gefühle auf das Kind, was auf das Kind natürlich immer verstörend wirkt«, erklärt die Kinderpsychoanalytikerin und Autorin Dr. Eva Rass. »Dahinter steckt immer wieder eine latente Depression des Erwachsenen, der durch das Handeln die eigene Not zu bewältigen versucht.«[41] Immer wieder beobachtet Rass in ihrer Arbeit, dass dieses konfliktvermeidende elterliche Verhalten schon bei kleinsten Kindern zu frühkindlichen Regulationsstörungen wie Schlaflosigkeit, Fütterungs- und Schreistörungen führen kann. Und auch bei heranwachsenden Kindern schlage sich das »too good mothering« unter Umständen in Bauchschmerzen, Spannungskopfschmerzen, Nägelkauen, unablässigem Sich-Kratzen oder zwanghaftem Essen und Trinken nieder. Sie erklärt: »›Too-well mothered‹ ist immer ein ein ›badly-mothered‹, da es dem Kind so nur schwer gelingt, weder die eigene Bedürftigkeit noch die Möglichkeiten der Autoregulation und Selbstwirksamkeit zu erfahren und somit eigene psychologische und psychische Strukturen zu entwickeln.«

Ist die Mutter durch eigene unverarbeitete Erfahrungen belastet, kommt vor allem dem Vater eine Schlüsselrolle zu: Er muss nun eingreifen, um den Kreislauf der Konfliktvermeidung zu unterbrechen. Ihm fällt es zu, dem Kind Grenzen zu setzen und der Mutter klarzumachen, dass sie viel zu nachgiebig ist. Doch manchmal gelingt auch das nicht. »Im schlimmsten Fall ist der Vater gleichermaßen passiv und ängstlich wie die Mutter, vielleicht, weil er selbst einen harten Vater hatte und ihm auf keinen Fall ähneln will«, erklärt Judith Jackson. »Wenn auch er ständig über seine Grenzen geht, um ein guter Vater zu sein, dann steckt die ganze Familie in großen Schwierigkeiten.«

Wie also sollen wir Mütter und Väter unsere Kinder lieben, umsorgen und behüten, ohne sie dabei »zu gut« zu bemuttern und bevatern? Keine ganz einfache Frage. Auf jeden Fall nicht, indem wir jedes Quengeln des Babys im Keim ersticken. Ein Kind zu lieben, bedeutet vielmehr ein kleines Maß an Abstandhalten, um das Kind in seinem Eigensein wahrnehmen zu können. Nur so kann es uns außerdem gelingen, die heftigen Gefühlsausdrücke des Kindes wie Wut oder Traurigkeit im Rahmen der »Affektspiegelung« aufzunehmen und dem Kind angemessen widerzugeben. Können wir diese Gefühle gar nicht erst ertragen, spiegeln wir sie dem Kind auch nicht feinfühlig wider.

Eine ausgebrannte und überforderte Mutter, die stets die eigenen Bedürfnisse zurücksteckt und daran zugrundegeht, nützt überdies auch keinem Kind. »Letztendlich bricht es sich immer auf einen Kernpunkt herunter«, erklärt auch die Psychotherapeutin Judith Jackson, selbst Mutter von zwei Kindern. »Auf die Fähigkeit, den Hass des Kindes auszuhalten. Als meine Kinder klein waren, sagte mir die berühmte Kinderanalytikerin Esther Bick einmal: ›Es ist leicht, von seinen Kindern geliebt zu werden. Aber den Hass der Kinder auszuhalten, das ist das Schwierigste überhaupt für eine Mutter.‹«

Dennoch muss es sein. Ob Liebe, Glück, Wut oder Traurigkeit – Eltern sollten schon ihren (älteren) Babys und Kleinkindern zugestehen, die gesamte Gefühlspalette kennenzulernen. Solange sich die Kinder dabei von den Eltern geliebt und gehalten fühlen, können sie auch gut damit umgehen. Doch das funktioniert nur, wenn sie ihre Eltern als einigermaßen stabile und zufriedene Menschen erfahren, die unter den kindlichen Aggressionen nicht zusammenzubrechen drohen. Als Menschen, die sich gut um sich selbst kümmern können und von ihren Kindern weder die Erfüllung eigener Bedürfnisse noch die Stiftung von Lebenssinn erwarten. Sind die Eltern aufgrund eigener unbewältigter Erfahrungen dazu aber nicht in der Lage, entsteht im Kind eine große Verunsicherung.

Schwierig wird es vor allem, wenn das Elternteil an einer psychischen Erkrankung wie Depression oder einer Persönlichkeitsstörung leidet. Dann steht die Bindungsperson dem Kind als »Gefühlsspiegel« – ob für positive oder negative Gefühle – nur noch sehr eingeschränkt zur

Verfügung. Tragischerweise steigt somit die Gefahr einer »intergenerationellen Übertragung«, also der Vererbung der Störung von den Eltern an die Kinder. Früher dachten Wissenschaftler, dass diese »Vererbung« lediglich auf genetischem Wege erfolge. Heute weiß man, dass bereits frühe Beziehungserfahrungen die Ausprägungen der Gene eines Kindes verändern können. Viele Hirnforscher rücken deshalb mittlerweile von der These ab, dass psychische Erkrankungen wie Depression im Kern genetischen Ursprungs sind und glauben stattdessen, dass sich über die »gestörte« Gefühlsregulation der Bindungsperson die psychische Erkrankung quasi wie ein Spiegelbild in das Gehirn des Kindes einbrennt. Wie diese »intergenerationelle Übertragung« vor sich geht und wie man ihr entgegenwirken kann, wollen wir im nächsten Kapitel beleuchten.

4

Ungute Startbedingungen

Welche Folgen belastende Beziehungserfahrungen für das kindliche Gehirn und die emotionale Entwicklung haben – und was man dagegen tun kann

In der Werbung strahlen sie uns jeden Tag entgegen: Die glücklichen Mütter und Väter, die ihren Kindern mit Hingabe Butterbrote schmieren, die schmutzige Wäsche waschen und Pflaster aufs Knie kleben. Mit der Realität hat dieses Bild oft nicht viel zu tun. Weder Mütter noch Väter sind 24 Stunden am Tag glücklich, sie sind genauso oft gestresst, frustriert und an der Grenze ihrer Belastbarkeit – und manchmal aus ganz unterschiedlichen Gründen auch depressiv.

Die kleine Sarah war sechs Monate alt, als ihrer Mutter das Leben zu entgleiten schien. Sarah war ein Wunschkind gewesen, lange hatten die Eltern versucht, ein Baby zu bekommen. Überglücklich waren sie bei der Geburt ihrer Tochter gewesen. Doch ein paar Monate nach der Entbindung verdunkelte sich die Welt um Sarahs Mutter. Zäh schienen die Tage mit ihrem Baby dahinzufließen, die Umstellung vom Berufsleben aufs Muttersein begann ihr schwerzufallen. Auch soziale Unterstützung hatte die erfolgreiche Ärztin kaum, Familie und enge Freunde lebten nicht vor Ort. Immer abgeschlagener und trauriger fühlte sie sich – und gleichzeitig plagten sie Schuldgefühle, weil sie meinte, eine glücklichere Mutter sein zu müssen. Als nach einem halben Jahr schließlich starke Schlafstörungen hinzukamen, überzeugte ihr Mann sie, ärztliche Hilfe zu suchen. Er begleitete sie zu einer Psychiaterin, die bei Sarahs Mutter eine postpartale Depression diagnostizierte.

Jetzt lief das »Rettungsprogramm« an: Sarahs Vater ließ sich sechs Wochen von der Arbeit freistellen, um seiner Frau zur Seite zu stehen und das Baby zu betreuen. Sarahs Mutter begann eine ambulante Psychotherapie, begleitet durch eine pharmakologische Therapie. Schon nach wenigen Wochen ging es ihr besser, und bald konnte sie sich wieder an ihrer Tochter und am Leben erfreuen.

Heute, sechs Jahre später, steht die Ärztin voll im Leben und führt mittlerweile eine eigene Hausarztpraxis. Ihre Tochter Sarah ist eine fröhliche und quietschlebendige Erstklässlerin. Augenscheinlich hat die Depression der Mutter keine Folgen hinterlassen – denn sie wurde mithilfe des Vaters frühzeitig erkannt und richtig behandelt. Das Baby erlitt im ersten Lebensjahr keine traumatischen Beziehungserfahrungen wie eine durch die Depression langfristig innerlich abwesende Bindungsperson, sondern hatte schon nach wenigen Wochen seine liebevolle und aufmerksame Mutter zurück – und zudem noch eine engere Bindung an den Vater aufgebaut. Schwieriger allerdings wäre es für Sarahs Entwicklung gewesen, wenn die Mutter längerfristig depressiv erkrankt wäre. Denn depressive Mütter sind oft nicht in der Lage, adäquat auf die kindlichen Signale zu reagieren, mit dem Ergebnis, dass auch die Kinder ein depressives Beziehungsmuster erwerben. Sie lächeln weniger, sind ruhiger und zurückgezogener. Die Therapie der Mutter ist also gleichzeitig die Prävention für das Baby.

Heute schauen Hebammen, Frauenärzte und Kinderärzte viel genauer auf die psychische Gesundheit junger Mütter (und Väter) als früher. Es gibt unzählige gute Hilfsangebote und Familienprogramme, denn mittlerweile weiß man, dass die meisten psychischen Erkrankungen in frühester Kindheit angelegt sind. Wissenschaftler gehen heute von einem »multikausalen« Entstehungsmodell psychischer Erkrankungen aus: Nicht nur die genetischen Vorbelastungen sind ausschlaggebend für die Entstehung psychischer Erkrankungen, sondern auch die aktuellen Lebensbelastungen und vor allem die Beziehungserfahrungen in der sehr frühen Kindheit. »Vor zehn Jahren haben wir uns noch auf das dritte Lebensjahr aufwärts konzentriert«, bekennt der Neuropsychoanalytiker Allan N. Schore. »Erst heute wissen wir, dass alle schweren Formen psychischer Störungen ihren Ursprung in Ereignissen haben, die pränatal und postnatal stattfinden. Und wir haben noch etwas verstanden: Auch unsere Vorstellung, dass alles vor der Geburt genetisch und alles nach der Geburt angelernt ist, ist überholt.«[42]

Bereits im Bauch ist der Fötus in seinem körperlichen Wachstum und der Entwicklung seines Stress-Systems schon von Umwelteinflüssen geprägt. Auch nach der Geburt verändert die Bindungsbeziehung noch die Ausprägungen der Gene. Die »Macht der Gene« wird heute zunehmend infrage gestellt: Genau wie ein Mensch mit einer genetischen Disposition zur Fettleibigkeit nicht dick werden muss, wenn er schon früh gelernt hat, sich ausgewogen zu ernähren und viel zu bewegen, wird ein Mensch mit einer genetischen Disposition zur Depression eher nicht depressiv, wenn er positive Bindungserfahrungen gemacht hat und sich gut um sich selbst zu kümmern gelernt hat.

Viele Neurowissenschaftler glauben heute, dass psychische Erkrankungen wie Depressionen sich nicht nur über die Gene sondern auch »intergenerationell« übertragen: Die Erkrankung wird über die emotionale Kommunikation zwischen Bindungsperson und Baby von Generation zu Generation weitergegeben und verändert dadurch wiederum das Genom des Babys. Mit anderen Worten: Depressiv erkrankte Elternteile geben mitunter unbewusst und ungewollt über die Beziehung die Depression an ihre Babys weiter und »installieren« das Depressionsgen und somit eine Vulnerabilität für diese Erkrankung auf diesem Weg in deren Gehirn. Ähnliche Prozesse der intergenerationellen Weitergabe werden auch bei Elternteilen mit Persönlichkeitsstörungen beobachtet, wie Forscher der Universität Greifswald in einer groß angelegten und noch laufenden Studie unter 311 Familien belegen konnten.[43]

Die Bindungsperson – ob Mutter oder Vater, Pflegemutter oder Pflegevater – kann durch ihr Verhalten die Gene des Babys steuern, zum Guten oder Schlechten. Ein liebevoll umsorgtes Baby hat deutlich bessere Startbedingungen als ein vernachlässigtes Baby, schlechte Erfahrungen hingegen sind wie Narben im Gehirn, die sich nur noch bedingt korrigieren lassen. So fand die amerikanische Neurobiologin Louise Eliot heraus, dass die Gehirne von vernachlässigten Kindern bei der Verarbeitung bestimmter Impulse deutlich schwächere oder gar keine Reaktionen zeigen und bis zu 30 Prozent kleiner sind als die von Kindern, die ausreichend gut versorgt und geliebt werden.

Statt vor allem Geld in Behandlung und Medikamente zu stecken, sollten die Gesundheitssysteme in Zukunft noch viel größere Summen in Prävention investieren. Denn das psychische Erkrankungsrisiko eines Menschen bildet sich teils schon in den ersten Lebensmonaten und -jahren heraus. Und sogar das körperliche Erkrankungsrisiko eines Menschen ist, wie wir sehen werden, von frühen Bindungserfahrungen geprägt. Wie genau psychische Erkrankungen in frühester Kindheit über die Generationen weitergegeben werden, warum sich selbst Bindungsmuster vererben, welche Folgen Trennungen und Trauma haben und weshalb eine fehlende Gefühlsspiegelung zu psychosomatischen und körperlichen Krankheiten führen kann, wollen wir auf den folgenden Seiten sehen.

Emotionale Ansteckung: Wie sich die Depression schon in frühester Kindheit vererben kann

Die preisgekrönte amerikanische Journalistin Tracy Thompson kennt sich mit Depression aus. Zwanzig Jahre lang litt die ehemalige Washington-Post-Reporterin an wiederkehrenden Depressionen, hatte aber gelernt, mit ihnen umzugehen, »wie andere mit Bluthochdruck oder Diabetes.« Als sie Mutter wurde, nahm ihre Erkrankung wieder Fahrt auf. Bedingt durch die Hormonumstellung, die zahlreichen Anforderungen des Mutterseins und vermutlich auch durch die damit verbundene unbewusste Erinnerung an die eigene Kindheit, glitt Thompson in lange Phasen der Schwermut und Erschöpfung. Nun allerdings konnte sich die Journalistin nicht mehr durch Arbeit ablenken oder einfach ausruhen, bis es ihr wieder besser ging. Jetzt musste sie sich um ihre kleine Tochter kümmern.

Tracy Thompson bemühte sich nach Kräften, ihre tieftraurige, müde und reizbare Seite zu verbergen. Umso größer war der Schock, als ihre Tochter Rebecca bereits mit sieben Jahren die Diagnose »kindliche Depression« erhielt. »Ich war stets von der Annahme ausgegangen, dass ich abwehren könne, was ihr da auflauerte, dass ich mit meiner Tatkraft verhindern könne, dass sie irgendwann einmal depressiv wird«, erklärte die Journalistin voller Verzweiflung. »Aber die ganze Zeit über hatte die Depression bereits in ihrem Gehirn geschwelt. Wann hatte der Funken gezündet?«

Sie begann, in ihre Familiengeschichte einzutauchen, Kindheitserinnerungen aufzurufen, die Tagebücher ihrer verstorbenen Mutter und Großmütter zu lesen. Am Ende wusste sie: »Ich war Teil von etwas, das wie ein Muster aussah. Ich erkannte es bei meiner Mutter, ich hörte es in den wehmütigen Worten einer alten Freundin meiner Mutter, die mir verriet ›Deine Mutter war nicht mehr die Alte, nachdem du und deine Schwester zur Welt gekommen waren‹. Wie in vielen Familien war auch in diesem Fall die Depression ein offenes Geheimnis.«[44]

Die Depression ist eine der häufigsten Erkrankungen unserer Zeit. Mindestens einmal im Leben erkrankt jeder fünfte Bundesbürger an einer Depression, allein in Deutschland leiden derzeit circa vier Millionen Menschen an einer behandlungsbedürftigen Depression. Laut einer Prognose der Weltgesundheitsorganisation WHO wird die Depression spätestens im Jahr 2030 in den Industrienationen die Volkskrankheit Nummer eins sein. Für eine Depression gibt es viele Ursachen, doch oft wird unterschätzt, dass diese Erkrankung einen starken generationsübergreifenden Charakter hat. Wächst ein Kind mit einem depressiven Elternteil auf, hat es ein sechsfach erhöhtes Risiko, später selbst an einer Depression zu erkranken. Leiden gleich beide Elternteile an der Krankheit, liegt das Risiko bei 70 Prozent.

Oft reicht die Depression in der Familiengeschichte weit zurück, häufig bis in die Großelterngeneration. Die amerikanische Psychiaterin Myrna Weissman untersuchte in einer drei Generationen umfassenden Studie 91 Familien, in denen erwachsene Familienmitglieder schwer an Depressionen erkrankt waren. Sie fand heraus, dass von denjenigen 161 Enkelkindern, deren Eltern und Großeltern an mäßigen oder schweren Depressionen erkrankt waren, erschütternde 67 Prozent schon in der Pubertät an einem diagnostizierten psychischen Leiden litten. Bei denjenigen Familien allerdings, in denen nur die Großelterngeneration und nicht (mehr) die Elterngeneration an Depressionen litten, erkrankten »nur« 31,3 Prozent der Enkelkinder in ihrer Jugend an einem psychischen Leiden. Je länger die Depression also in der Familie grassierte, desto häufiger trat sie in der nächsten Generation auf – doch sobald der Kreislauf unterbrochen war, etwa, weil die Eltern sich hatten behandeln lassen, erhöhte sich die Wahrscheinlichkeit, dass die Übertragung ausblieb.[45]

Der Schluss liegt nahe, dass die Erkrankung den Betroffenen nicht nur »über die Gene« weitergereicht wurde, sondern eine Weitergabe auch von der Beziehungskommunikation zwischen Eltern und Kind abhing. Die gesunden Eltern funktionierten im generationsübergreifenden Kreislauf der Weitergabe wie ein »Puffer«. »Trotz starker genetischer Einflüsse sind es die Umweltbedingungen, die zur Verwirklichung der Veranlagung führen oder sie verhindern«, bestätigt auch die Kinder- und Jugendpsychiaterin Dr. Christiane Deneke, über viele Jahre Oberärztin der »Spezialambulanz für psychisch kranke Eltern mit Säuglingen oder Kleinkindern« am Universitätskrankenhaus Eppendorf in Hamburg.[46]

Doch wie geht diese intergenerationelle Weitergabe überhaupt vor sich? Die meisten Menschen wissen heute, dass eine ausgewachsene Depression mit starken Gefühlen von Traurigkeit, Hoffnungslosigkeit und Schuld einhergeht. Die Betroffenen ziehen sich in sich zurück, sind häufig müde und in ihren Gefühlen verflacht, manchmal allerdings auch unruhig und reizbar. Eine schwere Depression ist aber nicht nur ein psychischer, sondern auch ein körperlicher Zustand, der zu biochemischen Veränderungen im Gehirn führt. Diese Veränderungen verursachen

Symptome wie Schlaflosigkeit, Appetitlosigkeit, Denkstörungen oder Libidoverlust.

Bislang existieren zwei wissenschaftlich belegte Theorien über die Ursachen dieser Gehirnveränderungen. Zum einen scheinen bei einer schweren Depression die Neurotransmitter nicht richtig zu arbeiten. Das sind chemische Botenstoffe zwischen den Nervenzellen im Gehirn, die im Falle einer Erkrankung entweder in zu geringer Konzentration vorhanden sind oder aber die Informationen zwischen den Nervenzellen nicht richtig weiterleiten und dadurch den Hirn-Stoffwechsel aus dem Gleichgewicht bringen. Zum anderen ist bei depressiv erkrankten Menschen das Kontrollsystem für Stresshormone im Gehirn gestört. Forschungen am Max-Planck-Institut für Psychiatrie in München haben gezeigt, dass das Gehirn depressiver Patienten überflutet ist von Stresshormonen und besonders häufig das Stresshormon CRH freisetzt.[47] Diese chronische Überproduktion von CRH ruft Verhaltensänderungen hervor: In Tierversuchen zeigen selbst gesunde Versuchstiere nach einer Extradosis CRH klassische Merkmale einer Depression wie Angst, Appetit- und Schlaflosigkeit. Auch eine gestörte CRH-Stressregulation führt zu den Kardinalsymptomen einer Depression.

Nun wissen wir bereits, dass eine übersensible Stressreaktion schon in frühester Kindheit angelegt wird. Über den Blick, die Mimik, die Haltung und Sprachmelodie der Bindungsperson lernt das Kind, seine Gefühlsregungen zu spüren und zu verstehen. Dabei schlägt sich – wie bei einer »emotionalen Ansteckung« – die psychische Verfassung der Bindungsperson im Gehirn des Kindes nieder, mit dem Ergebnis, dass die hormonellen Reaktionen und Muster der neuronalen Verbindungen im kindlichen Gehirn irgendwann der mütterlichen Gefühlsregulation entsprechen.

Doch was zeichnet depressiv erkrankte Mütter im Umgang mit ihren Kindern aus? Studien zufolge schauen depressive Mütter ihre Babys seltener an und sprechen weniger mit ihnen, berühren sie seltener und spielen weniger mit ihnen. Dafür legen sie mehr Anspannung und mehr negative Gefühle an den Tag. Bei ihren Babys kommt also weniger liebevolle emotionale Zuwendung, weniger Gefühlsvielfalt und mehr emotionale Negativität wie Traurigkeit an. Die emotionale Wärme fehlt, genau wie das Gefühl von Geborgenheit, das Kinder so dringend benötigen.

Schon im Baby- und Kleinkindalter kann sich die weitergegebene Depressivität bemerkbar machen: Säuglinge depressiver Mütter sind ernster und passiver und hinken oft auch in ihrer motorischen, kognitiven und sozial-emotionalen Entwicklung hinterher. Sie sind zurückgezogener und meiden häufiger Blickkontakte, weil sie weder Aufmerksamkeit noch positive Reaktionen von ihren emotional gedämpften Müttern erwarten. Sie passen sich ihnen an und gelten deshalb oft fälschlicherweise als »pflegeleichte Babys« (was umgekehrt aber nicht heißen soll, dass jedes als pflegeleicht empfundene Baby latent depressiv ist). Innerlich sind diese Kinder aber häufig überflutet von Stresshormonen wie CRH, denn auch ihre Stressregulation ist durch die Beziehungserfahrungen beeinträchtigt.

Normalerweise stimuliert eine Mutter über den liebevollen Blickkontakt und durch zärtliche Berührungen im kindlichen Gehirn die Produktion vieler Cortisol-Rezeptoren. Das sind Zellen, die Stresshormone wie CRH wieder abzubauen vermögen. Erfährt das Kind aber nur wenig innige Zuwendung, produziert es auch weniger Cortisol-Rezeptoren und kann nach stressigen Situationen wie Angst oder Hunger das freigesetzte CRH nicht mehr gut abbauen. Die Stressreaktion läuft einfach immer weiter, das CRH kann nicht mehr runtergefahren werden. Mit dem Ergebnis, dass sich das Baby nicht mehr richtig beruhigen kann, sondern innerlich gestresst bleibt. Durch den Mangel an positiven Beziehungserfahrungen sinkt außerdem der Noradrenalinspiegel des Kindes, woraufhin es sich weniger gut konzentrieren kann. Darüber hinaus bilden sich im kindlichen Gehirn auch weniger Dopamin- und Opiat-Rezeptoren, die für das Empfinden von Freude und Belohnung zuständig sind. Das Kind ist per se weniger in der Lage, Freude zu empfinden.

Mit dieser gestörten Stressreaktion haben es Kinder depressiver Eltern unter Umständen ein Leben lang zu tun. Möglicherweise können sie sich als Erwachsene aufgrund ihres chemischen Ungleichgewichts nach belastenden Ereignissen nicht mehr so gut ins Gleichgewicht bringen. Trennungen oder Jobverluste werfen sie leichter aus der Bahn als Menschen, deren Stressreaktion gesund ist. »Ihre Erholungsmechanismen sind physiologisch und psychologisch beschädigt«, erklärt auch die britische Psychotherapeutin Sue Gerhardt. »Traurige Gedanken und Gefühle können nicht einfach abgeschüttelt werden.« Sie werden also schneller depressiv.

Unter Umständen geben sie diese Prägung dann an die nächste Generation weiter, womöglich als junge Mutter oder junger Vater. Gerade für Frauen mit einer Vulnerabilität für Depression ist die Zeit der Schwangerschaft und Geburt eine hochsensible Phase. Kaum ein Lebenseinschnitt ist – bei allem Glück – so gewaltig und kräftezehrend wie die Geburt eines Kindes, kaum ein Lebensereignis wirbelt den

Hormonhaushalt so sehr durcheinander. Glück und Unglück können in dieser heiklen Phase zusammenfallen: Laut dem deutschen Bündnis gegen Depression e.V. erkranken im ersten Jahr nach der Geburt zehn bis fünfzehn Prozent aller Frauen an einer postpartalen Depression. Viele merken es monatelang nicht, schieben ihre traurige Stimmung auf die Erschöpfung oder den Schlafmangel. »Die Depression ist so untrennbar mit dem Alltag der Mutterschaft verbunden, dass die Erkenntnis, worum es sich handelt, einen kognitiven Sprung erfordert, der ebenso einschneidend ist wie die Erkenntnis eines Babys, dass es von der Mutter getrennt existiert«, erklärt die Journalistin Tracy Thompson.

Während aber der sogenannte Baby-Blues oder auch eine traurige und erschöpfte Stimmung nach einigen Tagen von alleine besser wird, klingen die Symptome einer klinischen Depression wie Traurigkeit, häufiges Weinen, Mutlosigkeit, Erschöpfung oder Schuldgefühle nicht von alleine ab, sondern verstärken sich über die Zeit noch. Der Neuropsychoanalytiker Allan N. Schore plädiert deshalb dafür, so früh wie möglich mit betroffenen Müttern und deren Babys zu arbeiten. »Gerade in Bezug auf schwere Depressionen können wir tatsächlich von einer intergenerationellen Übertragung ausgehen«, so der Hirnforscher. »Wir müssen also mit noch früheren Modellen der Intervention versuchen, diese mächtigen Übertragungsprozesse aufzuhalten. Denn wir wissen ja inzwischen, dass die Fähigkeit der Mutter, die nonverbalen Signale ihres Babys zu lesen, eine weitgehend unbewusste Leistung ihrer rechten Hirnhälfte ist. Und wir wissen auch, dass diese Mutter die Rechtshirn-an-Rechtshirn-Kommunikation mit großer Wahrscheinlichkeit von ihrer Mutter gelernt hat, als sie quasi ›auf der anderen Seite‹ war.«[48]

Es ist folglich immens wichtig, eine an Depression erkrankte Mutter schnell zu behandeln – damit es ihr selbst bald besser geht und damit sie ihre Erkrankung nicht ungewollt an die nächste Generation weitergibt. Genauso bedeutsam ist es, dass sie im Umfeld Unterstützung erhält, allen voran vom Vater. Auch für das Baby ist das wichtig: Findet das Kind nämlich in einer zweiten, liebevoll zugewandten Bezugsperson einen Ansprechpartner, zeigt es das passive Muster nach und nach nur noch im Zusammensein mit der kranken Mutter. Der Vater übernimmt dann die so wichtige »Pufferfunktion«.

Der Mutter kann die Auseinandersetzung mit der eigenen Biographie helfen, den Kreislauf der Depression zu unterbrechen – ein Weg, den auch die Washingtoner Journalistin Tracy Thompson wählte. Das Wissen um die Weitergabe und generationsübergreifenden Muster der Depression bewirkte bei der Journalistin eine intensive Auseinandersetzung mit der eigenen Geschichte, die letztendlich zu einer Beschäftigung mit vierhundert Lebensgeschichten anderer depressiver Mütter und den neuesten Erkenntnissen neuropsychologischer und psychopharmakologischer Forschung führte. Ihr exzellentes Buch »Mütter und Depression: Ursachen und Auswege« zeigt die Zusammenhänge zwischen genetischer Disposition, eigenen Kindheitserfahrungen und dem Dauerstress, den Mutterschaft bedeutet, klar auf.

Heute glaubt Thompson, dass eine depressive Mutter, die sich über ihre Beschwerden im Klaren ist, gut genug damit umgehen kann, um ihre Kinder vor den Auswirkungen zu schützen – wenn sie sich Unterstützung holt, gute Bewältigungsstrategien für den Alltag entwickelt und die richtigen Ärzte und Psychotherapeuten aufsucht. »Unter Umständen kann eine Frau, die eine Depression überlebt hat und daraus lernt, sogar eine bessere Mutter sein«, meint Thompson. Berührend ist in dieser Hinsicht die Aussage einer ihrer Gesprächspartnerinnen, einer 57-jährigen Frau. Zeit ihres Lebens hatte sie an wiederkehrenden Depressionen gelitten, wie bereits ihre Mutter. Doch die 57-Jährige fasste schon früh den Entschluss, ihrem Kind »die Mutter zu sein, die ich nicht hatte.« Heute ist die Tochter 16 Jahre alt und ein selbstbewusstes und fröhliches Mädchen. »Ich trauere um den Helden in mir, weil niemand weiß, wie schwer es war – und wie stolz ich bin, wenn ich die Persönlichkeit sehe, zu der meine Tochter geworden ist«, schrieb sie. »Ich fühle mich, als hätte ich den Mount Everest bezwungen. Wenn ich sie anschaue, ist es, als würde ich meine Siegesfahne in den Schnee stecken.«

Auch bei psychischen Erkrankungsbildern wie Sucht oder Borderline-Persönlichkeitsstörungen gehen Wissenschaftler mittlerweile von einem transgenerationalen Modell aus. Den Untersuchungen der Greifswalder Familienstudie zufolge haben Kinder von Müttern mit Borderline-Persönlichkeitsstörung ein deutlich geringeres Selbstwertgefühl und leiden häufiger an ADHS, dem Aufmerksamkeitsdefizit-Hyperaktivitäts-Syndrom.[49] Auch der Wunsch zu sterben ist bei ihnen stärker ausgeprägt: Fast 40 Prozent aller Töchter oder Söhne von Borderline-gestörten Müttern haben sich bereits einmal in ihrem Leben den Tod gewünscht, knapp zehn Prozent haben sogar bereits einen Suizidversuch hinter sich.

Selbst auf die Entwicklung einer Schizophrenie kann die Qualität der elterlichen Fürsorge großen Einfluss nehmen. Die Schizophrenie gilt heute als Störung der Sinnesmodalitäten im Gehirn und scheint einen hohen genetischen Erblichkeitsfaktor zu haben: Ist ein Elternteil erkrankt, steigt das Risiko für die Kinder von einem Prozent auf zehn bis dreizehn Prozent; sind gar beide Elternteile erkrankt, steigt es auf 35 bis 50 Prozent. Dennoch entwickeln viele Kinder mit einer starken genetischen Vulnerabilität für diese sehr belastende psychische Erkrankung die Störung trotzdem nicht. Kinder von schizophrenen Müttern, die gleich nach der Geburt zu Pflegefamilien gegeben werden, sind zum Beispiel deutlich weniger gefährdet: In einer breit angelegten Studie fand der finnische Psychiater Pekka Tienari heraus, dass genetisch stark vorbelastete Kinder, die in Adoptivfamilien mit einem guten Familienklima aufwuchsen, nur unwesentlich häufiger Schizophrenie entwickelten als Kinder ohne Vorbelastung. Diejenigen genetisch vorbelasteten Kinder, die in Adoptivfamilien mit einem schlechten Familienklima aufwuchsen, erkrankten jedoch deutlich öfter.[50] Auch das »Schizophenie-Gen« scheint vom Umfeld also an- und ausgeknipst werden zu können. Selbst bei dieser schweren Erkrankung verringern gute Bindungserfahrungen und die dadurch angelernten Fähigkeiten zur emotionalen Selbstregulation stark das Erkrankungsrisiko.

Wenn Ängste weitergegeben werden: Warum Bindungsmuster bisweilen über die Generationen stabil bleiben

Der beste Schutzfaktor für eine gesunde psychische und körperliche Entwicklung ist also eine sichere Bindung. Denn nur mithilfe der sicheren Bindungsbeziehung lernt das Kind, seine Gefühle gut zu spüren und zu kommunizieren, angemessene Bewältigungsmöglichkeiten für

Stress zu entwickeln und viele Dopamin- und Opiatrezeptoren im Gehirn auszubilden. Und noch mehr Vorteile hat eine frühe sichere Bindung: Sie erlaubt dem Kind außerdem, seine Aufmerksamkeit auf weniger existentielle Dinge als stets die Bindung zur Bezugsperson zu lenken. Wohl wissend, dass Mutter oder Vater irgendwo im Hintergrund verfügbar sind, kann es sich in Ruhe auf Freundschaften konzentrieren oder im freien Spiel versenken. Eine sichere Bindung fördert folglich auch die Beziehungsfähigkeit und die Aufmerksamkeitsleistung.

Zwischen 50 und 60 Prozent aller Kinder entwickeln im Laufe ihres ersten Lebensjahres solch eine sichere Bindung (»B-Typ«) an Mutter oder Vater – und haben damit gute Startchancen im Leben. Auch ihre Eltern haben diese gute Ausgangsposition wahrscheinlich schon innegehabt. Denn zwischen den Bindungserfahrungen der Eltern und dem Bindungsmuster ihres Kindes besteht häufig ein Zusammenhang. »Viele Eltern, die in der Beziehung zu ihren eigenen Eltern selbst bindungssicher sind, verfügen über ausreichend Feinfühligkeit, um auf die Signale ihres Säuglings angemessen zu reagieren«, erklärt der Bindungsforscher und Psychiater Karl Heinz Brisch. »Sie haben in der Regel bei ihren Eltern Schutz, Sicherheit und emotionale Unterstützung erfahren, so dass sie später auch die bindungssichere Entwicklung ihres eigenen Kindes auf feinfühlige Art und Weise fördern können.«[51] Es gibt also eine hohe Übereinstimmung zwischen dem sicheren Bindungsmuster der Eltern und dem sicheren Bindungsmuster des Kindes.

Längst nicht alle Kinder sind sicher gebunden. Ungefähr 25 Prozent aller Kinder zeigen eine unsicher-vermeidende Bindung und 10 Prozent eine unsicher-ambivalente Bindung an die Eltern. In diesen Fällen sind die Eltern zwar oft recht fürsorglich, haben aber Schwierigkeiten, ihren Söhnen und Töchtern bei der Bewältigung ihrer Gefühle zu helfen. Kinder mit einer unsicher-vermeidenden Bindung (»A-Typ«) zum Beispiel haben nicht die Erfahrung gemacht, dass emotionale Erregungen von den Eltern ausreichend reguliert werden. Häufig ist ihre Bindungsperson schon früh darauf bedacht, dass das Kind mit Schmerzen, Stress und Angst alleine zurechtkommt. Fällt das Kind zum Beispiel auf dem Spielplatz hin und weint, wird es oft nicht getröstet, sondern aufgefordert, sich »nicht so anzustellen«. Und auch bei Trennungen soll es möglichst schnell »klarkommen«. Unsicher-vermeidend gebundene Kinder lernen hierbei, sich nicht zu sehr auf Beziehungen zu verlassen, sondern beunruhigende Situationen lieber ganz zu meiden. Innerlich allerdings erleben sie häufig großen Stress – mit der Folge, dass dieser »nicht abgebaute« Stress öfters körperliche Symptome wie Kopfschmerzen, Bauchschmerzen oder Schlafstörungen hervorruft.

Gerade in Deutschland gebe es statistisch auffallend viele Kinder mit einer unsicher-vermeidenden Bindung, schreibt die Entwicklungspsychologin Lieselotte Ahnert.[52] Sie führt diesen Umstand auf eine »typisch deutsche« Erziehung zur frühen Selbstständigkeit und zum Funktionieren zurück, die aber nicht nur historisch bedingt sei, sondern auch von der aktuellen politisch-sozialen Gemengelage beeinflusst sei. So sei gerade um den Zeitpunkt der Wiedervereinigung herum – eine unsichere Zeit mit existentiellen Umbrüchen für viele Familien – ein besonders niedriger Anteil an sicheren Bindungen gemessen worden. »Kein Wunder, wenn das Kind aus dem Zentrum des Familiengeschehens gerückt und die Mutter-Kind-Beziehung distanzierter wurde«, schreibt Ahnert.

Doch auch Kinder mit einer unsicher-ambivalenten Bindung (»C-Typ«) stehen innerlich unter großem Stress. Sie haben eine Mutter – beziehungsweise Bindungsperson – mit einem zwiespältigen Bindungsmuster erlebt: Die Mütter sind einerseits Quellen der Liebe und Fürsorge, andererseits aber auch schnell abweisend. Das verwirrt die Kinder und sie schwanken in ihrem Verhalten immer wieder zwischen Zuwendung und Vermeidung. Sie empfinden die Welt als einen gefährlichen Ort und können sich nie darauf verlassen, dass die Mutter ihnen wirklich Schutz zukommen lassen wird. Statt aber Beziehungen zu meiden und die eigenen Gefühle zu »überregulieren«, wie es die unsicher-vermeidend gebundenen Kinder tun, entwickeln sich ambivalent-unsicher gebundene Kinder zu ängstlichen kleinen Menschen, die sich schnell bedroht fühlen und ihre Gefühle »unterregulieren«: Sie sind schnell hochverzweifelt und brauchen dann dringend Beruhigung durch ihre Bindungsperson.

Auch unsicher-vermeidend und unsicher-ambivalente Bindungsmuster sind meist Wiederholungen der elterlichen Erfahrungen. Darin liegt eine gewisse Gefahr: Zwar ist ein unsicher-vermeidendes oder unsicher-ambivalentes Bindungsmuster durchaus eine normale Entwicklungsvariante und somit nicht »pathologisch«, dennoch erhöht es die Vulnerabilität eines Kindes, später in Belastungssituationen seelische Probleme zu entwickeln (die dann aber häufig gut behandelbar sind). Psychiater und Psychotherapeuten bringen heute sogar zunehmend die Diagnose ADHS in Zusammenhang mit einer frühen Bindungsproblematik. Denn ADHS wird von vielen Psychiatern und Psychotherapeuten mittlerweile als Folge einer frühkindlichen Beziehungsstörung zwischen Eltern und Kind verstanden, die im kindlichen Gehirn spezifische hirnorganische Neurotransmitterveränderungen verursacht. »Die Hyperaktivität eines Kindes basiert immer auf einer frühen und oft persistierenden Beziehungsstörung mit den primären Bezugspersonen, die sich als Verhaltensstörung zeigt«, glaubt der Diplompädagoge und analytische Kinder- und Jugendlichenpsychotherapeut Dr. Frank Dammasch. »Überproportional häufig sind traumatische Trennungserlebnisse des betroffenen Kindes selbst oder transgenerationale Traumata der Mutter festzustellen, die sie unverstanden in die frühe Beziehung mit ihrem Kind einbringt. Der Vater ist als emotional haltender und verstehender Dritter in der Familie entweder abwesend oder er steht außerhalb einer ambivalent verwickelten Mutter-Kind Dyade.«[53] Für Eltern kann es also lohnend sein, den eigenen Bindungsstil zu reflektieren, um eine Weitergabe an die eigenen Kinder zu vermeiden.

Vom Opfer zum Täter zum Opfer: Die Folgen von frühem Verlust, Vernachlässigung und Missbrauch

Deutlich schlechter hingegen ist die Prognose, wenn Kinder ein hochunsicheres oder auch »unsicher-desorganisiertes« Bindungsmuster (»D-Typ«) an den Tag legen – das betrifft ungefähr 15 Prozent aller Mädchen und Jungen. Diese Kinder zeichnen sich durch ein extrem widersprüchliches und manchmal auch bizarres Bindungsverhalten aus. Oft laufen sie zum Beispiel freudig auf die Mutter zu, halten aber auf halber Strecke inne und wenden sich dann wieder ab. Dahinter steckt meist eine gestörte emotionale Kommunikation aufgrund einer traumatischen Beziehungserfahrung. Denn für diese Kinder lautet die zentrale Beziehungserfahrung: Furcht.

Kinder mit unsicher-desorganisierter Bindung haben häufig Elternteile, die von eigenen ungelösten Traumatisierungen psychisch stark beeinträchtigt sind. Mütter zum Beispiel, die aufgrund von Verlust- oder Gewalterfahrungen traumatisiert sind und nun auf ihr Baby phasenweise wie »eingefroren« wirken. Diese Mütter sind nicht mehr in der Lage, sich auf die innere Welt ihres Kindes einzulassen. Sie können es sich psychisch nicht »leisten«, sich von den negativen Gefühlsausdrücken ihres Kindes – ob Angst, Wut, Scham oder Trauer – anstecken zu lassen. Stattdessen wenden sie sich in solchen Situationen vom Kind ab. Eine Gefühlsspiegelung und Stressregulierung findet dann nicht mehr statt, das Kind ist mit sich und der unaufgelösten Angst allein.

Schon ganz früh hinterlassen diese Erfahrungen emotionaler Vernachlässigung Spuren: Forschungen haben gezeigt, dass mitunter schon vier Monate alte Babys Verhaltensmerkmale des D-Typs zeigen.[54] Auch im Fremde-Situation-Test zeigen unsicher-desorganisiert gebundene Kleinkinder die höchsten stressbedingten Cortisolspiegel und Herzfrequenzen überhaupt und haben somit eine sehr hohe Vulnerabilität für psychische Erkrankungen. Der amerikanische Neurowissenschaftler und Psychologe Joseph LeDoux erklärt, dass bei desorganisiert gebundenen Kindern anstelle eines positiven Lernsystems überwiegend das Furchtsystem aktiviert ist und diese Erfahrung später mit großer Wahrscheinlichkeit in einer Persönlichkeit resultiert, die von negativen Einstellungen und Hoffnungslosigkeit geprägt ist anstelle von Zuneigung und

Optimismus.[55] Später im Leben zeigen diese Kinder häufig starke Verhaltensauffälligkeiten. Sie haben das ungelöste Trauma ihrer Bindungsperson übernommen. Aus diesem Grund sollten die Eltern von hochunsicheren Kindern immer therapeutische Unterstützung für sich und ihr Kind in Anspruch nehmen.

Doch die schwersten seelischen Schäden hinterlassen existentielle Erfahrungen wie früher Verlust, extreme Vernachlässigung und sexueller oder körperlicher Missbrauch. Die davon betroffenen Kinder entwickeln oft pathologische Bindungsstörungen. Missbrauchte Kinder zum Beispiel zeigen häufig ein hochaktiviertes Bindungssystem an ihre Täter-Eltern, klammern sich also voller Angst an ihre missbrauchenden Bindungspersonen, obwohl sie sich gleichzeitig stark vor ihnen fürchten. Vernachlässigte Kinder hingegen zeigen eher ein »indifferentes Bindungsverhalten«: Auf ihrer verzweifelten Suche nach Bindung nehmen sie selbst zu unbekannten Menschen schnell Kontakt auf und setzen sich ohne Bedenken auf den Schoß Fremder, was sie dazu prädestiniert, Opfer von sexuellem Missbrauch zu werden. Diese Kinder ohne Bindung haben denkbar schlechte Ausgangschancen. Denn sie haben so vieles nicht gut lernen können, das in der sicheren Bindungsbeziehung gelehrt wird: ihre Gefühle wahrzunehmen und auszudrücken, sich selbst zu beruhigen, die Gefühle anderer Menschen zu lesen und deren Handlungsabsichten nachzuvollziehen. Um all das zu können, braucht es erst die wohltuende Erfahrung der Abhängigkeit von einem Menschen – nur dann ist Selbstregulation und Unabhängigkeit möglich.

Tragisch ist, dass diese frühen Entbehrungen häufig lebenslange und irreversible Folgen haben. Denn die traumatischen Erlebnisse führen zu einem rasanten Absterben von Zellen im Gehirn. Gerade im ersten Lebensjahr bilden sich an den Kontaktstellen zwischen den Nervenzellen – den Synapsen – viele neue Nervenzellen. Wenn das Baby nun aber extremen Stress erlebt, weil es oft starke Angst hat oder alleingelassen wird, schüttet das kindliche Gehirn Stresshormone aus – im Prinzip eine gesunde Reaktion auf eine feindselige Umwelt, in der das Überleben davon abhängt, wachsam zu sein. Doch die Stresshormone hemmen das Wachstum neuer Nervenzellen an den Synapsen und verengen die Nervenbahnen innerhalb des limbischen Systems. Es sterben also viele Nervenzellen ab, obwohl sich das kindliche Gehirn ja eigentlich gerade in rasantem Wachstum befindet. Die traumatischen Bindungserfahrungen werden dann regelrecht in die Schaltkreise des Gehirns »eingebrannt«.

Natürlich gehen diese Prägungen auch in das somatische und vegetative Nervensystem über. Das Kind verfügt also nur noch über eine sehr rudimentäre Fähigkeit zur Stressregulation: Zahlreiche Untersuchungen aus den USA haben in den 1990er Jahren belegt, dass bei früh verlassenen Kindern und Adoptivkindern überproportional häufig Hyperaktivität und Aufmerksamkeitsdefizite auftreten. In der Pubertät wird das bereits ausgedünnte Gehirn eines traumatisierten Kindes dann noch weiter ausgedünnt. Viele Verbindungen zwischen Nervenzellen verschwinden in dieser »zweiten Phase« der Reorganisation des Gehirns wieder. Dann kommen die Bindungsprobleme und Bindungsdefizite mitunter richtig zum Tragen. »Wir sehen ja häufig, dass psychische Störungen wie Depressionen, Schizophrenie und schwere Persönlichkeitsstörungen in der Adoleszenz ihren Anfang nehmen«, beobachtet der Neuropsychoanalytiker Allan N. Schore. »Weil wir mit Hilfe der Bindungstheorie nun aber so früh in die kindliche Entwicklung einsteigen, können wir inzwischen selbst die Entstehung sehr schwer behandelbarer psychischer Störungen wie Essstörungen, Suchtstörungen oder psychosomatische Störungen besser nachvollziehen.«

Gerade Kinder, die in Waisenheimen aufgewachsen sind, möglicherweise gar unter Bedingungen extremer Vernachlässigung, sind solch erheblichen Risiken für ihre kognitive und psychische Entwicklung ausgesetzt. Oft sind die seelischen Schäden, die die Kinder im Heim erleiden, später kaum noch reversibel – trotz noch so liebevoller und konstanter Fürsorge seitens der Adoptiveltern. Der britische Psychiater Sir Michael Rutter verglich in einer bahnbrechenden Studie die Entwicklung einer Gruppe britischer Adoptivkinder mit der Entwicklung einer Gruppe rumänischer Heimkinder, die ihre ersten Lebensmonate oder -jahre in einem von Ceauşescus Waisenheimen verlebten und dann von britischen Familien adoptiert wurden.[56] Obwohl ein Großteil der rumänischen Kinder innerhalb der ersten zwei Jahre viele Entwicklungsverzögerungen aufholte, zeigte sich insbesondere im Hinblick auf den IQ doch ein starker Zusammenhang zwischen der Dauer der Vernachlässigung im Heim und dem Intelligenzquotienten: Lag die vor der Adoption im Kinderheim verbrachte Zeit unter sechs Monaten, so hatten die Kinder im Alter von elf Jahren einen »normalen« durchschnittlichen IQ von 101. Bei einer Dauer von mehr als 24 Monaten im Heim erreichten die Kinder allerdings nur noch einen durchschnittlichen IQ von 83.

Doch nicht nur im Hinblick auf die Intelligenzentwicklung hinterließ die Heimerziehung Folgen. Vor allem das

Bindungsverhalten der Kinder erwies sich später oft als gestört. Auch hier gab es einen direkten Zusammenhang zwischen der Dauer des Heimaufenthaltes und dem Ausmaß der Bindungsstörung. »Es ist anzunehmen, dass der Wechsel vieler Fürsorgepersonen, wie er in der Heimbetreuung oft die Regel ist, die normale Entwicklung von Bindungen behindert und dass dieser Effekt durch ein späteres Heranwachsen in einer guten familiären Umgebung nicht vollkommen beseitigt wird«, schlussfolgerte Sir Michael Rutter.

Doch frühe Erfahrungen von Missbrauch und Vernachlässigung können nicht nur zu einer verminderten Intelligenz oder einer hohen Vulnerabilität für psychische Erkrankungen wie Persönlichkeitsstörungen, Sucht oder Depression führen – sie können die Opfer auch zu Tätern machen. Der Bremer Neurobiologe und Hirnforscher Gerhard Roth erklärt, dass ungefähr ein bis drei Prozent der Bevölkerung eine Persönlichkeitsstörung entwickelt, die sie kein Mitgefühl für andere Menschen empfinden lässt. Durchschnittlich 70 Prozent dieser Täter besitzen eine geringere Fähigkeit zur Impulshemmung als die meisten Menschen: Sie fühlen sich schneller bedroht und schlagen dann eher zu.

In einer breit angelegten Studie wertete Roth die psychiatrischen Daten und Gehirnbilder von Gewaltstraftätern[57] aus und fand heraus, dass die meisten dieser impulsiven Täter eine traumatisierende Kindheit hinter sich hatten, in der sie Gefühle wie Angst, Hass oder den Wunsch nach Rache nicht regulieren gelernt hatten. Stattdessen legte ihr Gehirn schon in frühester Kindheit Aktivierungsmuster zu Angst und Aggression fest, die in einem Mangel wichtiger Botenstoffe wie dem Glücks- und Beruhigungshormon Serotonin resultierten. Das Angst- und Aggressionszentrum in ihrem Gehirn war also überaktiv und erfuhr kaum Beruhigung. Sie konnten sich schlichtweg nicht herunterregulieren. »Wenn man in früher Kindheit körperlich misshandelt, vernachlässigt oder sexuell missbraucht wird, erlebt man, dass man ohnmächtig ist gegenüber einer bedrohlichen Umwelt«, schlussfolgerte Roth in einer SWR-Sendung zum Thema Gewalttäter. »Und das macht einen dann mit hoher Wahrscheinlichkeit zum Gewaltstraftäter.«[58]

Auch die renommierten Psychoanalytiker Peter Fonagy und Anthony W. Bateman vermuten, dass viele Gewalttäter frühkindlich traumatisiert sind und deshalb nicht zu mentalisieren gelernt haben. Noch als Erwachsene können sie weder ihre innere Welt noch die innere Welt ihrer Mitmenschen lesen und verstehen. Stattdessen setzen sie ihre innere mentale Welt mit der äußeren Realität gleich, nach dem Motto: »Ich bin unkontrollierbar wütend, also musst du mich wütend gemacht haben.«

In der SWR-Sendung mit dem Hirnforscher Gerhard Roth kommt auch der Mörder Volker K. zu Wort, der im Jahr 1997 in einer Kneipe grundlos eine Kellnerin zu Tode geprügelt hat. Anschließend wurde bei ihm eine dissoziale Persönlichkeitsstörung diagnostiziert. Seitdem sitzt er in einer forensischen Psychiatrie ein. »Ich konnte mich nicht in die Gefühlswelt von anderen hineinversetzen, ich konnte mich eigentlich nur in meine eigene hineinversetzen«, kann Volker K. heute – nach hunderten Therapiestunden – erkennen. »Und als ich die Tat begangen habe, habe ich kein Mitgefühl für mein Opfer empfunden, sondern nur mich empfunden und nicht mal das habe ich richtig empfunden.«

Wie viele andere Gewalt- und Sexualstraftäter kann auch Volker K. auf vielfältige Missbrauchserfahrungen in frühester Kindheit zurückblicken. »Eigentlich war meine Kindheit Angst«, berichtet der Gewalttäter. »Wenn ich so im Nachhinein darüber nachdenke, habe ich das Gefühl, dass ich mehr Schläge als all meine Geschwister zusammen bekommen habe. Ich habe mich sehr einsam gefühlt, alleingelassen. Das Gefühl nicht geliebt zu werden, weggestoßen zu werden, ständig geprügelt zu werden für Kleinigkeiten. Am Ende ist das gar nicht mehr der Schmerz der Prügel, sondern das ist einfach diese Demütigung, sich nicht wehren zu können. Natürlich empfinde ich diese ganze Kindheit jetzt nicht als Rechtfertigung für das, was ich getan habe. Also ich hab ja sechs Geschwister, davon ist keiner straffällig geworden.«

Dennoch gibt es immer wieder Kinder, die sich trotz schlimmer früher Erfahrungen zu psychisch stabilen Erwachsenen entwickeln. In einer Langzeitstudie mit schwer vernachlässigten tschechischen Heimkindern, die später in Pflegefamilien wechselten, konnte der renommierte Kinderpsychologe Zdeněk Matějček fünf Schutzfaktoren identifizieren: An erster Stelle stand die bedingungslose Akzeptanz des Kindes durch die Pflegefamilie. Dann folgte die emotionale Stütze des Kindes durch die Pflegeeltern, auch in Jugend- und frühen Erwachsenenjahren. Weiterhin waren gute und gleichwertige Beziehungen zu den Geschwisterkindern, eine positive Schullaufbahn im Sinne geringer Ambitionen der Pflegeeltern sowie die Fähigkeit, ab dem Jugendalter selbst gelingende Liebesbeziehungen aufzubauen, wichtig. »Die schützenden, resilienten Elemente der Persönlichkeit sind vielleicht primär genetisch gegeben«, glaubt Matějček. »Aber sie werden unter normalen Umständen durch die Erziehung eines Kindes in einer gut funktionierenden Familie gestärkt, kultiviert und trainiert. So erklärt sich ein vielseitiges Bild der Reaktionen einzelner Menschen auf die psychische Deprivation.«[59]

Obwohl die Chancen für frühkindlich vernachlässigte Kinder also schlecht stehen, können die Erfahrungen von Vernachlässigung und Verlust dennoch ins Leben integriert werden. Eine gute Pflegefamilie oder neue Beziehungserfahrungen und schmerzhafte Selbstauseinandersetzungen im Erwachsenenalter können dabei helfen. Wie auch Matějček schreibt, sind eine glückliche genetische Ausstattung im Sinne eines guten Aussehens oder spezielle Fähigkeiten und Talente dabei besonders von Vorteil.

So wie im Falle von Peter Wawerzinek. Der Berliner Schriftsteller wurde als Kleinkind mit seiner jüngeren Schwester in einer Rostocker Wohnung allein gelassen, die Mutter war über Nacht in den Westen verschwunden. Erst nach Tagen griffen Polizisten die fast verdursteten Kinder auf. Der kleine Peter wuchs im Waisenhaus und später bei gestrengen Adoptiveltern auf. Die frühen Erlebnisse zeichneten ihn lange: Viele Jahrzehnte litt der Schriftsteller an Depressionen und Alkoholproblemen, die Flasche wurde ihm zum Ersatz für die vielen Entbehrungen. Dennoch erreichte Wawerzinek trotz seiner traumatischen Kindheitserlebnisse Großes, er schrieb hochgelobte und vielfach ausgezeichnete Gedichte und Romane. Erst heute jedoch hat der Schriftsteller einen Weg gefunden, mit seiner Geschichte zurechtzukommen. 2010 veröffentlichte Wawerzinek den autobiographischen Roman »Rabenliebe«, ein schonungsloses und bewegendes Stück Erinnerungsliteratur, für das Wawerzinek 2010 den Ingeborg-Bachmann-Preis gewann. Die intensive Auseinandersetzung mit seinen Entbehrungen half ihm, seine frühen Erlebnisse und quälende Muttersehnsucht zu verarbeiten.[60]

Doch eines fällt Wawerzinek noch immer schwer: Beziehungen zu führen. »Wenn man von der Mutter nicht gewollt wird, dem Tode preisgegeben wird, totgesagt wird, wenn man von Adoptiveltern mehrfach zurückgegeben wird, wenn einem also immer wieder zu verstehen gegeben wird ›Mit dir stimmt was nicht, sonst hätten dich nicht alle weggegeben‹, dann fühlt man sich in Beziehungen sehr schnell abgewiesen«, erklärt Wawerzinek. »Bei dem leisesten Anflug von Kritik oder Ablehnung war ich früher oft dermaßen in innerer Aufregung, dass ich mich sofort zurückgezogen habe. Ich dachte immer, dass die schon Recht haben in ihrer Wertung. Diese Alarmbereitschaft hat sich erst spät verloren. Aber man kann dagegen anarbeiten, auch mit dem Schreiben.«[61] Peter Wawerzineks Geschichte zeigt uns, dass frühe Beziehungstraumata auch später noch bearbeitet werden können und mögliche psychische Folgen – wie chronifizierte Depressionen, Sucht oder Persönlichkeitsstörungen – durch intensive Auseinandersetzungen mit der eigenen Geschichte zumindest abgemildert werden können.

Das geschwächte Immunsystem: Wie die körperliche Gesundheit von unseren frühen Beziehungserfahrungen geprägt ist

Ein Beziehungstrauma in frühester Kindheit ist nicht nur ein erhebliches Risiko für die psychische, sondern auch für die körperliche Gesundheit. Denn auch unser Immunsystem wird durch Bindungstraumata angegriffen. Diese

Erkenntnis ist allerdings noch relativ jung. Obwohl der Zusammenhang zwischen Psyche und Körper bereits seit Jahrtausenden bekannt ist und Erkrankungen wie chronische Rückenschmerzen schon seit Mitte des 20. Jahrhunderts psychosomatisch behandelt werden, verstanden Mediziner das Immunsystem lange als eine Art geschlossenes und unabhängiges Körpersystem, dessen Funktionstüchtigkeit weniger von inneren als von äußeren Faktoren wie Ernährung oder Bewegung bestimmt wurde. Mittlerweile haben die Neurowissenschaften aber endgültig belegen können, dass das Immunsystem mit der Psyche und dem Nervensystem in regem Austausch steht.

Vor zwanzig Jahren entdeckte eine Gruppe von Wissenschaftlern im Gehirn chemische Botenmoleküle, Neuropeptide genannt, die Gedanken oder Gefühle an das Nervensystem zu kommunizieren vermochten. Erstaunlicherweise gab es für diese Neuropeptide aber nicht nur Rezeptoren im Gehirn, sondern auch im Immunsystem. Die Wissenschaftler fanden also heraus, dass das Immunsystem demzufolge auch die inneren Dialoge und den psychischen Zustand eines Menschen zu »belauschen« in der Lage war. Was immer im Kopf eines Menschen vor sich geht – ein fröhliches Gefühl oder ein trauriger Gedanke –, kann über die Neuropeptide möglicherweise Reaktionen im Immunsystem auslösen. Manch einer kann dies sogar im Alltag bemerken: Beim Anflug eines Ekelgefühls oder von emotionalem Stress bildet sich innerhalb kürzester Zeit ein Herpes Simplex auf der Oberlippe.

Auch psychischer Stress gelangt also mithilfe von Botenstoffen ins Immunsystem und schwächt so die Abwehrkräfte: Forscher konnten nachweisen, dass chronisch negativer Stress unter anderem zu einem Absinken der

Antikörper im Speichel und einer vermehrten Ausschüttung von Hormonen, die das Immunsystem unterdrücken, führt.

Wir erleben Gefühle also mit dem ganzen Körper und nicht nur im Gehirn. Mitunter wird das Immunsystem deshalb als »Körpergehirn« bezeichnet. Es verwundert kaum, dass gerade frühkindliche Traumata zu lebenslanger Anfälligkeit für Erkrankungen führen können. Denn eine frühkindlich erlernte schlechte Stressregulation stellt die Weichen für ein chronisch erhöhtes oder erniedrigtes Erregungsniveau, etwa in Form eines zu hohen oder zu niedrigen Cortisolspiegels. Cortisol ist das Neuropeptid mit der aggressivsten Wirkung auf das Immunsystem. Die Folgen von extremem psychischem Stress in frühester Kindheit lassen sich noch Jahre später im Immunsystem nachweisen.

Wissenschaftler der Universität Wisconsin in Madison untersuchten über hundert Kinder zwischen neun und 14 Jahren, die entweder behütet aufgewachsen waren, als kleine Kinder missbraucht worden waren oder ihre ersten drei Lebensjahre in Waisenhäusern in Rumänien, Russland oder China verbracht hatten. Sie entnahmen ihnen Speichelproben und bestimmten die Konzentration der Antikörper gegen das Herpes-Simplex-Virus. Diejenigen Kinder, die in frühester Kindheit extrem belastet waren, zeigten deutlich höhere Werte von Antikörpern gegen das Herpesvirus – das heißt, dass ihr Körper mehr hatte arbeiten müssen, um den Virus zu bekämpfen. Ihr Immunsystem war also von vornherein geschwächt, obwohl sie schon lange in guten Familien untergebracht waren. »Sie alle lebten seit rund einem Jahrzehnt in einer emotional sicheren, liebevollen Familienatmosphäre«, erklärte einer der Studienautoren. »Aber ihr Immunsystem hatte sich nicht entsprechend entspannt.«[62]

Eine andere Studie konnte nachweisen, dass Misshandlungen in frühester Kindheit nachweislich zu einer erhöhten Anfälligkeit für entzündliche Erkrankungen im Erwachsenenalter führen.[63] »Es ist eine grausame Ironie, dass gerade die Personen, die in frühester Kindheit weniger liebevolle Zuwendung erhalten als andere, später auch noch ein erhöhtes Risiko haben, an körperlichen Krankheiten zu leiden«, schreibt ganz treffend die Psychotherapeutin Sue Gerhardt.[64]

Es sind aber nicht allein Trennung, Trauma und Missbrauch, die unser Immunsystem belasten. Auch fehlende Gefühlsspiegelung – zum Beispiel im Sinne einer unsicher-vermeidenden Bindung – ist ein klarer Risikofaktor. Forschungen zufolge ist der unsicher-vermeidende Bindungsstil mit einer verminderten Fähigkeit der Killerzellen unseres Immunsystems verbunden, virusinfizierte oder entartete Zellen abzutöten.[65] Mit anderen Worten: Vermeidend gebundene Menschen werden unter Umständen schneller krank. Können wir unseren Ärger oder Kummer nämlich gar nicht erst richtig spüren und in irgendeiner Form »abführen«, verbleiben die erzeugten Stresshormone in unserem Körpersystem – mit der Folge, dass sie möglicherweise unser Immunsystem und unseren Körper schädigen.

Blind für Gefühle: Psychosomatische Erkrankungen als mögliche Folge früher emotionaler Defizite

Auch psychosomatische Erkrankungen sind oft eine Folge unzureichender Gefühlsspiegelung in frühester Kindheit. Besonders häufig davon betroffen sind Menschen mit Alexithymie – keine Krankheit, sondern ein Persönlichkeitszug, der mehr oder weniger stark ausgeprägt sein kann. Laut einer Studie der Universitäten Leipzig und Düsseldorf weisen 10,2 Prozent der deutschen Bevölkerung Merkmale von Alexithymie auf. Die Betroffenen haben keinen guten Zugang zu ihren Gefühlen und reagieren emotional weniger stark als die meisten Menschen. Sie erleben traurige Ereignisse oft als nicht so traurig und spüren Freude weniger intensiv. Auch Beziehungen und emotionaler Austausch fallen ihnen schwer.

»Alexithyme Menschen befinden sich in gewisser Weise in einem Zustand der Gefühlsblindheit«, erklärt Prof. Dr. Matthias Franz vom Institut für Psychosomatische Medizin und Psychotherapie der Universität Düsseldorf. »Wenn diese Menschen versuchen, ihre Gefühle zu beschreiben, ist das ungefähr so, als redeten Blinde über Farben. Sie haben eine deutlich eingeschränkte Fähigkeit, emotionale Informationen – also Gefühle, Mimik, Gestik – bei sich oder bei anderen automatisch und schnell wahrzunehmen und dann auch richtig zu interpretieren.« Fühlt sich ihr Gegenüber traurig oder ängstlich, können alexithyme Menschen dies mitunter nicht wahrnehmen.

Im Alltag fallen sie allerdings kaum auf: Betroffene gelten häufig als besonders sachliche, rationale Zeitgenossen und kommen im Job oft gut klar. Viele Alexithyme sind in

Berufen zu finden, die weniger mit zwischenmenschlicher Interaktion als mit Fakten oder Systemen zu tun haben, in der Informatik, im Ingenieurswesen, in der Buchhaltung. »Alexithyme können mit ihrer emotionalen Beeinträchtigung oft ganz gut leben, das hat mit Krankheit nichts zu tun«, erläutert Prof. Dr. Harald Gündel, Ärztlicher Direktor der Klinik für Psychosomatik und Psychotherapie der Medizinischen Hochschule Hannover. »In psychotherapeutischen Praxen oder psychosomatischen Kliniken allerdings begegnen wir dann denjenigen Betroffenen, die wirklich darunter leiden.«

So erleben viele Alexithyme Emotionen fast ausschließlich als körperliche Probleme. Unbewusste Ängste äußern sich zum Beispiel in Bauchschmerzen, Spannungskopfschmerzen oder Migräne, unterdrückte Wut in Rückenschmerzen, Magenschmerzen oder Panikattacken mit begleitendem Herzrasen und Schwindelanfällen. Nicht selten laufen die Schmerzgeplagten von Arzt zu Arzt und unterziehen sich einer Vielzahl wirkungsloser Behandlungen, bis ihr Leiden schließlich als psychogen identifiziert wird. »Wenn diese Patienten dann zu uns kommen, wird deutlich, dass viele ihrer Probleme mit belastenden Lebenssituationen zu tun haben. Vielleicht ist der Arbeitsplatz bedroht, vielleicht gibt es familiäre Konflikte, schwierige Partnerschaften oder Stress mit den Kindern«, erläutert Harald Gündel. »Dass die Alexithymie im Spiel sein könnte, merkt man aber erst im Gespräch mit den Patienten. Konflikte werden von ihnen zwar auf Nachfrage angegeben, aber oft gibt es dabei überraschend wenig spürbare Gefühlsregungen. Sie berichten sehr rational, nüchtern und distanziert von ihren Problemen. Wenn ich diesem Patienten dann gegenübersitze und denke ›Wieso berichtet der jetzt so distanziert von seinen Problemen, ich wäre in seiner Situation doch längst traurig oder verzweifelt oder wütend?‹, dann ist das ein Hinweis darauf, dass es sich um eine Alexithymie handeln könnte.« Bei Patienten, die nur wenig über ihre Gefühle sprächen, aber nicht alexithym seien, habe man einen ganz anderen Eindruck – bei ihnen spüre man im Gespräch dennoch die seelische Belastung.

Dem körperlichen Erleben der psychischen Konflikte von alexithymen Menschen liegt vermutlich eine mangelhafte Affektverarbeitung zugrunde. Wir Menschen verfügen über fünf evolutionär bedingte Basisaffekte, früher Instinkte genannt: Angst, Freude, Wut, Trauer und Ekel. Wird einer dieser Affekte aktiviert, kommt es innerhalb unseres Körpers zu einem automatischen Ablauf; Hormone werden ausgeschüttet, die Muskulatur spannt sich an, ein mulmiges Körpergefühl stellt sich ein. Im Laufe unserer Kindheit lernen wir jedoch, diese Wahrnehmungen in Gefühle umzuinterpretieren und zu versprachlichen. Irgendwann wissen wir: Das ist Angst, das ist Wut, das ist Trauer, das ist Ekel, das ist Freude. Diese Erfahrungen werden in Bereichen unseres Stirnhirns und limbischen Systems gespeichert und immer wieder abgerufen, so dass wir stets einordnen können, wie wir uns gerade fühlen.

Bei alexithymen Menschen hingegen funktioniert die sprachsymbolische Abbildung dessen, was im Gehirn passiert, nicht. »Alexithyme bleiben sozusagen auf der affektiven Sockelreaktion sitzen und können ihre normalen körperlichen Affektfolgen nicht selber lesen«, erklärt Matthias Franz. »Die Betroffenen wissen nicht, dass sie wütend oder traurig sind, sondern spüren eine Verkrampfung im Bauch oder Rücken. Sie denken: Mit meinem Körper stimmt was nicht. Und reagieren ganz ängstlich auf natürliche Körperzeichen, die sie deuten könnten, wenn ihnen bewusst wäre, was gefühlsmäßig mit ihnen los ist. Der eigene Körper wird dann zum Bösen.«

Auch Andreas S. war sich des Zusammenhangs zwischen seiner Ehekrise und seinen Rückenschmerzen nicht bewusst. Dabei hatte sich der Software-Programmierer erst auf Anregung seiner Frau in Behandlung begeben. Denn die hatte beschlossen, nicht mehr in einer Partnerschaft leben zu wollen, in der sie sich emotional allein gelassen fühlte. Gespräche mit ihrem Mann kreisten stets um Konkretes, nie um Gefühle. Ob sie nun Freude, Trauer oder Angst spürte – Andreas S. konnte ihre Stimmungszustände nie auffangen oder reflektieren. »Wenn ich ihm davon berichtete, wie es mir ging, kam kein Echo zurück«, erzählt die 47-Jährige. »Ich fühlte mich einsam in unserer Beziehung.«

Wie Andreas S. wissen aber viele Betroffene nichts mit der Kritik ihrer Partner anzufangen. Sie merken allenfalls, dass sie in zwischenmenschlichen Beziehungen in punkto Emotionalität und Nähe Schwierigkeiten haben. »Viele alexithyme Menschen können gar nicht wissen, dass sie ein Problem mit Emotionen haben, weil ihnen die Fähigkeit, die sie bräuchten, um dieses Problem zu beschreiben, nicht zur Verfügung steht«, erklärt Matthias Franz. »Um zu wissen, dass man etwas nicht kann, muss man ja wissen, dass es überhaupt etwas zu können gibt. Betroffene haben in der Regel also große Schwierigkeiten, ›ihr‹ Problem zu beschreiben. Sie kommen mit einem Schuss Ratlosigkeit zum Psychotherapeuten.« Erst in der Klinik lernte Andreas S. mühsam wahrzunehmen, dass ihn die Trennungsdrohung seiner Frau so sehr belastete, dass er mit heftigen Rückenschmerzen reagierte.

Den Grund für diese Unfähigkeit, die eigenen Affekte umzudeuten, vermuten Psychiater und Psychologen in der Kindheit der Betroffenen. Obwohl eine gewisse genetische Veranlagung unumstritten ist, gibt es zahlreiche Hinweise darauf, dass alexithyme Menschen bereits in der Phase des frühen emotionalen Lernens Defizite hinnehmen mussten. »Wenn es über längere Zeiträume zu einer Störung der emotionalen Abstimmung zwischen Mutter und Kind kommt, dann scheint das Risiko für die Ausprägung alexithymer Prägungsmerkmale zu steigen«, erklärt Matthias Franz. Doch auch spätere traumatische Erfahrungen in der fortgeschrittenen Kindheit und Jugend können eine Alexithymie begünstigen, so Gündel: »Dann kann es im Gehirn zu einem Mechanismus kommen, der das Emotionale quasi ›wegschaltet‹. Die Person schützt sich dadurch, dass Gefühle gänzlich unterdrückt werden, eine Anpassungsstrategie, um sich vor der Flut negativer Emotionen zu schützen.«

Mit der Positronenemissionstomografie (PET), der funktionellen Kernspintomografie mit verbesserten Geräten zur Messung der Hirnströme (EEG), konnten Forscher der Universitäten Düsseldorf und Köln jüngst belegen, dass die Hirne alexithymer Patienten zwar sehr wohl emotionale Eindrücke wahrnehmen, diese dann aber bereits in einem frühen Stadium der Verarbeitung abblocken. Das limbische System, welches ja unsere Gefühlsverarbeitung steuert, bleibt dabei allerdings stumm – stattdessen ist das Frontalhirn aktiv, eine Region, die der Impulskontrolle dient.

Fazit: Alexithymie entsteht nicht durch die Abwesenheit, sondern die Unterdrückung der Emotionalität, möglicherweise aufgrund belastender Kindheitserfahrungen wie emotionaler Vernachlässigung oder traumatischer Erlebnisse. »Plötzlich versteht man auch auf neuropsychobiologischer Ebene vieles von dem, was klinisch schon seit langem bekannt ist«, erklärt Gündel. »Das seelische Erleben in früher Kindheit wirkt sich unmittelbar auf die Hirnentwicklung aus und hinterlässt dort lebenslange Spuren. Gefühle und Körper gehören zusammen, das wird jetzt offensichtlich.«

Möglicherweise war dies auch bei Andreas S. der Fall: Als er vier Jahre alt war, beging seine depressive Mutter Suizid. Mit der Trauer und Wut konnte die Familie nur schwer umgehen. Der Vater verkroch sich in seinem Schmerz und weigerte sich fortan, über die Mutter zu sprechen. Der kleine Andreas war mit seinen Trauer- und Verlustgefühlen weitgehend auf sich selbst gestellt. Nun, als Erwachsener, muss er mühsam lernen, wieder einen Zugang zu seinen Gefühlen zu finden. In der Klinik unterstützen ihn Körpertherapie, kreative Therapie- und Entspannungsverfahren dabei und natürlich Gesprächstherapie. Leicht ist es nicht, doch durch die ständige Rückmeldung seiner Therapeuten und Therapiegruppe erkennt Andreas S. Schritt für Schritt, dass hinter seinen Körperempfindungen tatsächlich Emotionen stecken. Und dass diese nichts Schlimmes bedeuten.

»Das Therapieziel ist, den Kontakt zwischen Körper und Seele wieder herzustellen«, erklärt Gündel. »Bei weniger ausgeprägten Beschwerden hilft manchmal schon eine ambulanten Gesprächs- und Körpertherapie, doch bei Patienten, die aufgrund ihrer körperlichen Beschwerden tatsächlich nicht mehr arbeiten können, ist eine stationäre Aufnahme indiziert.« Obwohl es noch immer schwierig für ihn ist, die Gefühle anderer Menschen angemessen wahrzunehmen, ist Andreas S. ein motivierter Patient: Nach ersten Besuchen in der Klinik und gemeinsamen Gesprächen mit behandelnden Psychotherapeuten hat sich seine Frau entschlossen, mit ihm einen Neuanfang zu wagen. Auch die Rückenschmerzen werden langsam besser. Andreas S. weiß aber, dass er in Zukunft weiter üben muss, um besser in den »zwischenmenschlichen Dingen« zu werden. Leichter gesagt als getan. »Aber das ist der einzige Weg«, erklärt er, »schließlich möchte ich ja weiterhin mit meiner Frau zusammenleben.«

Gesund von Anfang an: Wie der gefährliche Kreislauf der Weitergabe unterbrochen werden kann

Stress und eine schlechte Gefühlsspiegelung in frühester Kindheit können die seelische und körperliche Entwicklung eines Kindes lebenslang prägen. Doch was kann getan werden, um den Kreislauf zu unterbrechen und sicherzustellen, dass auch die Kinder von belasteten Eltern ein stabiles Fundament entwickeln? Die Frage ist hochaktuell, denn psychische Störungen betreffen keinesfalls eine Randgruppe der Bevölkerung. Jeder zehnte Deutsche leidet im Laufe seines Lebens an einer psychischen Erkrankung. Besonders häufig vertreten sind depressive Störungen: Nach Schätzungen der Weltgesundheitsorganisation stellt die Depression im Jahr 2020 die zweithäufigste Erkrankung weltweit dar, übertroffen nur von Herz-Kreislauf-Störungen. Und auch die Schwere psychischer Erkrankungen scheint zu steigen. Bereits 2006 haben psychische Krankheiten in deutschen Krankenhäusern die Herz-Kreislauferkrankungen als häufigsten Anlass für einen Klinikaufenthalt abgelöst, erstmals wurden mehr als 700 000 Patienten stationär psychiatrisch aufgenommen, ein Plus von 130 Prozent.

Es ist folglich unendlich wichtig, psychisch belasteten Eltern mehr Unterstützung zukommen zu lassen, um eine generationsübergreifende Weitergabe zu verhindern. Bei dieser nicht ganz einfachen Aufgabe müssen alle mithelfen: das familiäre Umfeld, betreuende Hebammen, Psychiater, Psychotherapeuten und Kinderärzte, manchmal auch externe Einrichtungen der Familienhilfe und das Jugendamt.

Bei der kleinen Sarah und ihrer Mutter reichten schon die Unterstützung des Ehemanns und eine ärztlich-psychotherapeutische Begleitung aus, um die Situation schnell wieder in den Griff zu bekommen. Im Falle schwerer psychischer Erkrankungen – wie zum Beispiel starker Depressionen oder Persönlichkeitsstörungen – muss aber auch immer die innere Welt der Eltern miteinbezogen werden. Denn Eltern, die aufgrund ihrer eigenen kindlichen Erfahrungen große Schwierigkeiten mit ihrer Stressbewältigung haben, behandeln ihre Kinder nicht notwendigerweise anders, nur weil sie mehr Unterstützung von der Gesamtgesellschaft erhalten – das betont auch die englische Psychoanalytikerin Sue Gerhardt immer wieder, die in Oxford eine Mutter-Kind-Praxis betreibt. In diesen Fällen ist es hilfreich, auch eine Verbesserung der Eltern-Säuglings-Beziehung anzustreben, damit die Eltern die Signale ihres Kindes richtig zu deuten wissen und auf deren Entwicklungsbedürfnisse besser eingehen können. Viele Kliniken, Hebammenpraxen, Beratungsstellen und Elternschulen in Deutschland bieten entsprechende Kurse bereits an, doch nicht immer finden belastete Eltern den Weg dorthin. »Die am schwersten betroffenen Kinder sehen wir unter Umständen gar nicht, ihre Eltern kommen am wenigsten häufig in Beratung«, erklärt der Kinderpsychiater Gerd Lehmkuhl, Klinikdirektor der Kinder- und Jugendpsychiatrie der Uniklinik Köln.[66]

Vor allem Kinder aus prekären Familienverhältnissen erreichen die Angebote oft nicht. Davon gibt es in unserem Wohlstandsstaat viele: Fast jedes fünfte Kind unter drei Jahren wächst in Deutschland in einer Familie auf, die auf staatliche Grundversorgung angewiesen ist. Ihre Familien sind mitunter hoch belastet, häufig leidet ein Elternteil an einer psychischen Erkrankung. Sucht spielt dabei eine große Rolle: Fast 20 Prozent aller Kinder in Deutschland leben bei drogen- oder alkoholabhängigen Eltern, insgesamt also 2,65 Millionen Mädchen und Jungen. Diese zwanzig Prozent haben in vielerlei Hinsicht schlechtere Chancen als ihre Altersgenossen. Sie leiden häufiger an psychischen Störungen, ernähren sich ungesünder und schneiden auch bei den PISA-Tests unterdurchschnittlich ab. Studien haben gezeigt, dass in keinem anderen OECD-Land (der weltweiten Vereinigungen von 34 Ländern, die sich zu Demokratie und Marktwirtschaft bekennen) die soziale Vererbung so hoch ist wie bei uns.

Wer hierzulande in einem armen Elternhaus aufwächst, bleibt mit hoher Wahrscheinlichkeit arm, wer in bürgerlichen Verhältnissen aufwächst, landet auch später wahrscheinlich wieder in der Mittelschicht. Gerade die benachteiligten Kinder und ihre Familien bräuchten einen noch unkomplizierteren Zugang zu frühen Hilfen, um mehr Chancen im Leben zu haben. »Diese Kinder starten mit Defiziten ins Leben, die sie später nicht mehr aufholen«, erklärt auch der SZ-Autor Felix Berth und fordert: »Um sie müssen wir uns kümmern.«[67]

Ein kleiner Schritt in die richtige Richtung ist das neue Kinderschutzgesetz der Bundesregierung. Der Kern des Gesetzes ist der Ausbau früher Hilfen, um die elterliche Erziehungskompetenz während der Schwangerschaft und in den ersten Lebensjahren des Kindes zu verbessern. Unter anderem stellt das Bundesfamilienministerium über vier Jahre 30 Millionen Euro pro Jahr für Familienhebammen bereit, die belastete junge Familien in der Bewältigung ihres neuen Alltags und in der Beziehung zu ihrem Kind unterstützen sollen – eine sinnvolle Investition in die Zukunft. Viele Krankenhäuser haben außerdem in den letzten Jahren Screening-Programme für frischgebackene Mütter und ihre Kinder eingeführt, um belastete Mütter früh zu erkennen und ihnen schnell helfen zu können.

Besonders vorbildlich ist in dieser Hinsicht das Projekt »Guter Start ins Kinderleben« des Ludwigshafener Sankt-Marien-Krankenhauses: Ob ärztliche oder psychotherapeutische Betreuung, Hilfe bei Wohn- und Aufenthaltsgenehmigungen oder lediglich Hinweise auf Beratungseinrichtungen, ein Team aus Ärzten und Sozialpädagogen ist schnell zur Stelle, um jungen Eltern in allen Lebenslagen Hilfe zukommen zu lassen und Krisen somit gar nicht erst eskalieren zu lassen. Das rechnet sich: Die Soziologin Uta Meier-Gräwe von der Universität Gießen begleitet das Projekt »Guter Start ins Kinderleben« wissenschaftlich und konnte belegen, dass zwar pro Fall durchschnittlich 7224 Euro Ausgaben für frühe Hilfen anfallen. Demgegenüber stehen aber – ohne frühe Hilfen – später anfallende Kosten im sechs- bis siebenstelligen Bereich aufgrund zu behandelnder Entwicklungsrückstände, psychischer Erkrankungen oder Drogenkonsum.[68] Es lohnt sich also, früh einzugreifen – in erster Linie für das Kind, aber auch für die betroffenen Familien und nicht zuletzt für die Gesellschaft.

Doch nicht nur elterliche psychische Vorbelastungen und Armut können Kinder in ihrer gesunden Gefühlsentwicklung beeinträchtigen. Häufig wissen selbst gutsituierte Doppelverdiener und Akademikereltern nicht ausreichend Bescheid über die Wichtigkeit der Bindungsbeziehung für die Entwicklung kleiner Kinder. Beruflich stark engagierte Eltern muten ihren Babys mitunter schon in frühester Kindheit viele Beziehungswechsel zu, vom Au-Pair zur Tagesmutter bis zum Kindergarten. Und auch die fragilen Lebensumstände unserer modernen Gesellschaft – zerbrechende Partnerschaften, Patchwork-Familien, berufliche Unsicherheit – lenken den Blick mancher Eltern weg von den Nöten ihrer Kinder und hin auf die eigenen Bedürfnisse.

»Viele Familien sind nicht mehr stabil genug, um Dinge aufzufangen und zu bewältigen«, findet auch der Kinderpsychiater Gerd Lehmkuhl. Auf seiner Kinderstation in Köln hat Lehmkuhl stets zwölf vollbesetzte Plätze, höchstens zwei oder drei dieser Kinder leben noch mit ihren biologischen Ursprungsfamilien zusammen. Die anderen haben alleinerziehende Eltern oder stammen aus Patchwork-Familien. Diese zunehmende Schwächung sozialer Netze gibt dem Psychiater Anlass zur Sorge, dass sich diese Entwicklung in den nächsten Jahren verstärken könnte. Denn in Deutschland zeigen immer mehr Kinder psychische Auffälligkeiten. Laut der Stiftung »Achtung Kinderseele«, die sich für die Früherkennung und Frühbehandlung psychischer Störungen bei Kindern einsetzt, leidet mittlerweile jedes fünfte deutsche Kind an seelischen Problemen, aus denen schnell Störungen werden können, wenn sie nicht rechtzeitig behandelt werden. Unterbleibt eine Früherkennung, wachsen sich bei der Hälfte dieser Kinder die Auffälligkeiten zu handfesten psychischen Störungen aus.

Eltern, Fachleute, Politik – wir alle sind gefordert, sicherzustellen, dass unsere Kinder in Ruhe und mit viel Liebe groß werden können. Ganz zentral ist dabei das Bindungsbedürfnis der Kinder. Erfahren Kinder eine sichere Bindung an ihre Mütter und Väter und fühlen sich in ihrer Herkunftsfamilie geschützt und geborgen, gehen sie auch später mit einem großen Urvertrauen durchs Leben. Nicht nur das: Sie sind auch zwischenmenschlich kompetenter, seelisch gesünder und werden weniger häufig krank. Ein schöneres Geschenk kann man ihnen also kaum machen. Doch wie steht dieses kindliche Bindungsbedürfnis in Beziehung zu den Ansprüchen und Gegebenheiten unserer modernen Gesellschaft? Mit jungen Eltern, die sich in der »Rush Hour« des Lebens befinden und gleichzeitig Kind, Karriere und Haushalt zu jonglieren versuchen? Mit steigenden Realkosten und sinkenden Löhnen? Mit einer Politik, die sich einfach nicht entscheiden kann, ob sie nun lieber Geld in den Krippenausbau investieren will oder Eltern Betreuungsgeld auszahlt? Mit vehementen Grabenkämpfen zwischen »Vollzeitmüttern« und »Karrieremüttern«?

In *den beiden folgenden Kapiteln* des Buches wollen wir sehen, wie die Bindungsbedürfnisse kleiner Kinder auch in einer Gesellschaft gewahrt werden können, in der die meisten Mütter und Väter spätestens nach der Elternzeit wieder arbeiten müssen, um genug Geld für ein einigermaßen komfortables Familienleben zu verdienen – und in der gemeinsame Zeit fast zum Luxus geworden ist. Wir wollen schauen, ob eine Fremdbetreuung in Krippen und Kitas tatsächlich zu »seelischem Elend« führt, wie die Kinderpsychologin Christa Mevert behauptet – oder nicht stattdessen auch die emotionale Entwicklung eines Kindes zu beflügeln vermag? Auch die Förderwut unserer Gesellschaft wollen wir unter die Lupe nehmen. Was nützt es Kleinkindern, musizieren zu lernen oder Yogakurse zu besuchen? Wie lernen Babys und Kleinkinder überhaupt? Und welche Rolle spielt die Bindung dabei? Letztendlich wollen ja fast alle Eltern dasselbe: Dass ihre Kinder zu glücklichen und gesunden Erwachsenen heranwachsen. Wie sich dieser Plan in unserer Gesellschaft umsetzen lässt und welche Fallstricke dabei zu umgehen sind, wollen wir auf den kommenden Seiten sehen.

5

Wie viel Mutter braucht das Kind?

Warum jedes Kind eine feste Bezugsperson braucht – und was Fremdbetreuung leisten kann

In den letzten Kapiteln haben wir gesehen, wie bedeutsam die ersten Lebensjahre für das Kind sind. Denn in dieser Zeit bildet sich die Bindungsbeziehung heraus, die wichtige Schritte in der Entwicklung des Kindes einläutet. Ob nun die Gefühlsregulation, das Hirnwachstum, das Immunsystem, der frühe Spracherwerb oder das Sozialverhalten – all diese Dinge sind geprägt von der frühen Beziehung zwischen Bindungsperson und Kind. Die Betreuungsqualität der ersten Lebensjahre legt also das Fundament für spätere Entwicklungen. Doch wie decken sich die kindlichen Bedürfnisse nach Bindung mit hervorragend ausgebildeten Müttern, die nicht studiert haben wollen, um nach der Geburt ihren Job an den Nagel zu hängen? Mit Vätern, die aus Angst vor dem Karriere-Aus allenfalls zwei Monate Elternzeit nehmen? Mit steigenden Mietkosten, Inflation, Zeitverträgen?

Immer mehr junge Eltern arbeiten schon in den ersten Lebensjahren ihrer Kinder in Vollzeit. Bereits Krabbelkinder verbringen einen großen Teil ihres Tages in Kinderkrippen oder bei Tagesmüttern, lernen dort laufen, sprechen und alleine essen. Laut einer Studie der Bertelsmann-Stiftung von 2011 besucht mittlerweile jedes fünfte einjährige Kind und jedes zweite zweijährige Kind eine Einrichtung.[69] Diese Zahlen werden in den kommenden Jahren vermutlich noch stark steigen: Im Zuge des von der Politik forcierten Krippenausbaus soll 2013 jedes einjährige Kind in Deutschland Anspruch auf einen Krippenplatz haben – und für jedes dritte einjährige Kind dann tatsächlich ein Krippenplatz bereitstehen. Im internationalen Vergleich allerdings sind die deutschen Zahlen noch immer vergleichsweise niedrig: In Dänemark werden 87 Prozent der Ein- und Zweijährigen außerfamiliär betreut, im Schnitt sogar sieben Stunden täglich.

Die leidige Krippendebatte: Von Rabenmüttern und Latte-Macchiato-Müttern

Wie wirkt sich die frühe Krippenbetreuung fernab der Bindungsperson auf die Entwicklung eines Kindes aus? Diese Frage wird in Deutschland seit Jahrzehnten kontrovers diskutiert; spätestens seit Einführung des Elterngeldes im Jahr 2007 ist sie wieder besonders aktuell. Ein heikles Thema, wirft es doch quasi nebenbei die Frage auf, ob ein kleines Kind für seine gesunde Entwicklung nicht doch eine allzeit anwesende Mutter braucht. Schon aufgrund der eigenen Kindheitserfahrungen hat fast jeder Mensch eine dezidierte Meinung dazu.

»Das Thema ist empfindlich«, glaubt auch die Hamburger Psychoanalytikerin Ann Kathrin Scheerer. »Denn die Beziehung zum eigenen Kind ist der psychische Ort aller bewussten und unbewussten Wiedergutmachungswünsche und Verletzungsspuren.«[70] Je nachdem, als wie gut oder schlecht, als wie liebevoll umsorgt oder alleingelassen ein Mensch die eigene Kindheit erlebt hat, formt sich häufig die Meinung über eine optimale Betreuung des eigenen Kindes.

Da verwundert es kaum, dass die Debatte über Kleinkindbetreuung hierzulande immer wieder mit großer emotionaler Erregung geführt wird und von einer mit fundamentalistischem Eifer vertretenen Verteidigung eines rückwärtsgewandten Frauenbildes (man denke an die Ex-Tagesschau-Sprecherin Eva Herman) und einer Abwertung von Vollzeitmüttern (man denke an die Ex-Taz-Chefredakteurin Bascha Mika) beherrscht ist. Bei diesem »Mütterstreit« wird angesichts der biographischen und ideologischen Besetzung des Themas allerdings oft genug vergessen, dass kleine Kinder tatsächlich reale Bindungswünsche und Abhängigkeitsbedürfnisse haben. Babys und Kleinkinder brauchen in ihren frühen Lebensmonaten und -jahren feinfühlige Bindungspersonen, die sich zuverlässig und konstant um sie kümmern. Kindliche Bedürfnisse sind also »kein Propagandainstrument für Leute, die Frauen unterdrücken wollen, sondern es gibt sie wirklich«, kritisiert auch die britische Psychotherapeutin Sue Gerhardt.[71] Ann Kathrin Scheerer diagnostiziert gar eine unterschwellig angeheizte »gefühlte Gegnerschaft von Mutter und Kind«, die Kinder heute zu erfolgsverzögernden Hindernissen in der Berufswelt abstempelt und den Werten unserer Leistungsgesellschaft geschuldet ist. »Das kindliche Bindungsbedürfnis stößt sich in unseren Zeiten am Persönlichkeitsideal, das Separations- und Leistungsfähigkeit betont«, erklärt Scheerer. »Es stößt sich an den Forderungen des Arbeitsmarktes und an uns Frauen, die wir vorwärts kommen möchten und die Befriedigungen der Arbeitswelt begehren. Die Krippendebatte ist also auch eine Menschenbilddebatte, was teilweise die Heftigkeit des Streits erklärt.«[72]

Man könnte meinen, dass diese Menschenbilddebatte von Männern und Frauen gemeinsam geführt wird – doch tatsächlich scheinen sich vor allem Frauen über das Thema Krippenbetreuung zu streiten. Kein Wunder, denn in unserer Gesellschaft obliegt die Betreuung kleiner Kinder in den allermeisten Fällen noch immer den Müttern. Das müsste nicht so sein: Die primäre Bindungsbeziehung kann genauso gut zwischen Vater und Kind aufgenommen werden. Doch nur ein verschwindend geringer Anteil von Männern bleibt im ersten Lebensjahr des Kindes zuhause.

Das wirft die Frage auf, ob unsere Gesellschaft den Männern wirklich faire Chancen bietet, ihre Vaterschaft engagiert wahrzunehmen. Viele Studien haben gezeigt, dass in den Unternehmen eine hohe Arbeitsmotivation noch immer mit einer langen Anwesenheit im Job gleichgesetzt wird – mit dem Ergebnis, dass junge Väter nach der Geburt oft sogar länger arbeiten als zuvor. Auch in den späteren Jahren übernehmen Frauen weiterhin den Löwenanteil der Kinderbetreuung. Obwohl in mehr als 50 Prozent aller deutschen Familien sowohl die Väter als auch die Mütter berufstätig sind, arbeiten drei Viertel der berufstätigen Mütter Teilzeit, um nachmittags ihre Kinder zu betreuen. Viele Mütter arbeiten gern Teilzeit, um mehr Zeit für ihre Kinder zu haben – doch längst nicht immer ist diese Entscheidung dem Wunsch nach inniger Zeit mit dem Kind geschuldet. Auch das Karriere-Aus nach der Babypause oder die geringeren Verdienstmöglichkeiten von Frauen in ihren Jobs zwingen viele Mütter gegen ihren Willen zum beruflichen Kürzertreten oder gar zum Zuhause-Bleiben. Mütter mit langen Arbeitstagen hingegen arbeiten oft wesentlich mehr, als sie eigentlich möchten, weil eine Reduzierung der Stunden in ihren Jobs kaum möglich ist oder vielleicht sogar das berufliche Abstellgleis bedeuten würde (ein Problem, das auch viele Väter haben).

»Wir sollten akzeptieren, dass die meisten berufstätigen Frauen ihr Lebensmodell nicht auf Basis einer wie auch immer gearteten Weltanschauung erwählen, sondern als pragmatische Reaktion auf immer noch schwierige Rahmenbedingungen«, schreibt die Journalistin und vierfache Mutter Cornelie Kister treffend im SZ Magazin.[73] Der Spagat zwischen dem Wunsch, für die Kinder da zu sein und dem Wunsch, beruflich durchzustarten, ist für viele Frauen allerdings nicht leicht. Sogar Ursula von der Leyen, siebenfache Mutter und heute Bundesministerin für Arbeit und Soziales, erinnert sich gut an diese widerstrebenden Gefühle. »Wo ich auch war, ich hatte das Gefühl, etwas zu versäumen: zu Hause den Beruf und im Beruf die Kinder«, erklärt die studierte Medizinerin, die 2007 als Familienministerin das Elterngeld einführte. »Diesen tiefen Konflikt und vor allem das schlechte Gewissen, das spüre ich bis heute. Ich hatte das Gefühl, in der Medizin eine Enttäuschung zu sein, nachdem man so lange in mich investiert hatte: Was hatten wir noch alles mit Ihnen vor, und jetzt sind Sie schwanger … Ich hatte aber auch das Gefühl, in der Familie zu versagen.«[74] Noch immer plagt viele Mütter das schlechte Gewissen, wenn sie ihre kleinen Kinder in Fremdbetreuung geben.

Kleinkinder in Krippen: Bindung trotz Fremdbetreuung

Die Skrupel berufstätiger Mütter sind allerdings häufig nicht gerechtfertigt. In den letzten Jahren haben viele Studien belegen können, dass kleinere Kinder nicht zwingend darunter leiden, wenn ihre Mütter regelmäßig einem Job nachgehen. Sogar die UK Millenium Cohort Study, eine der größten entwicklungspsychologischen Studien der Gegenwart, kam 2011 zu diesem Ergebnis.[75] Die breit angelegte Studie erforscht seit zehn Jahren den Werdegang von 19 000 britischen Kindern der Jahrgänge 2000 und 2001 und untersucht die Umweltbedingungen und psychische Gesundheit der Kinder. Bei der Frage nach Verhaltensauffälligkeiten gelangten die Forscher zu erstaunlichen Ergebnissen: Am wenigsten Auffälligkeiten zeigten diejenigen fünfjährigen Jungen und Mädchen, deren Eltern beide berufstätig waren und sich Haushalt und Kinderbetreuung teilten. Bildungsniveau der Eltern und Haushaltseinkommen spielten dabei keine Rolle. Und auch der zeitliche Beginn der Fremdbetreuung schien kaum einen Unterschied auszumachen: Über die Hälfte der Mütter aus Doppelverdiener-Familien war sogar bereits im Säuglingsalter ihrer Kinder berufstätig gewesen.

Kurz: Die frühe Krippenbetreuung und elterliche Berufstätigkeit schien vorerst keine negativen Auswirkungen zu haben, erstaunlicherweise traten sogar umso weniger Verhaltensauffälligkeiten bei den Töchtern auf, je länger die Mütter tagsüber arbeiteten. In Familien mit nur einem berufstätigen Elternteil hingegen waren die Werte nicht ganz so gut. Insgesamt aber zeigten sich die meisten Verhaltensauffälligkeiten bei Kindern alleinerziehender Mütter sowie in Familien, in denen beide Eltern arbeitslos waren. Studienleiterin Anne McMunn vermutet, dass Doppelverdiener-Eltern insgesamt zufriedener sind als alleinerziehende Elternteile oder arbeitslose Eltern – und sich dies auf das Familienklima und die Entwicklungsbedingungen der Kinder auswirkt. Gut möglich, dass Doppelverdiener-Eltern auch insgesamt seelisch belastbarer sind. Denn in vielen – nicht allen – Fällen von Langzeiterwerbslosigkeit ist im Hintergrund eine psychische Problematik vorhanden, die sich auch auf die Entwicklung der Kinder auswirken mag. Und auch die häufigen finanziellen Probleme von alleinerziehenden oder arbeitslosen Eltern belasten vermutlich die elterliche Stimmung.

Vorläufig zumindest scheint klar: Für die positive Entwicklung von Kindern ist weniger die permanente

Anwesenheit der Eltern als ein gutes, einigermaßen unbelastetes Familienleben wichtig. Bleibt die Bindungssicherheit der Kinder also trotz Fremdbetreuung gewährleistet? Ja, sagt auch die Psychologin Lieselotte Ahnert, Deutschlands profilierteste Krippenforscherin und Professorin für angewandte Entwicklungspsychologie an der Universität Wien. Ahnert beruft sich dabei auf Ergebnisse einer weiteren Mega-Studie, die »NICHD Study of Early Childcare« des US-amerikanischen National Institute of Child Health and Human Development. Seit 1991 nehmen die Forscher des NICHD 1000 Mütter und ihre Kinder unter die Lupe und besuchen die Familien bis zum heutigen Tag, obwohl die Babys mittlerweile junge Erwachsene sind. Die Studie belegt, dass anscheinend schon kleine Kinder deutlich unterscheiden können zwischen der Beziehung zu den Eltern und der Beziehung zur den Erziehern. Eigentlich kein Wunder, denn schließlich haben Eltern und Erzieher ja auch völlig unterschiedliche Funktionen: Während sich die Eltern-Kind-Beziehung vor allem durch Zuwendung, Sicherheit und Stressreduktion hervortut, bietet die Erzieher-Kind-Beziehung dem Kind vorrangig Bildungsangebote und Unterstützung beim Explorieren.

Für die Bindungssicherheit ist laut NICHD-Studie also allein die Feinfühligkeit der Mutter (beziehungsweise Bindungsperson) und deren eigene Betreuungsqualität verantwortlich. »Weder irgendeine bestimmte Art der nichtmütterlichen Betreuung noch deren Qualität, noch der Beginn und die Anzahl der Stunden hatten einen Einfluss auf die Bindungsqualität der Kinder zu ihren Müttern«, kommentiert Lieselotte Ahnert die Studie.[76] Lediglich die Kombination aus schlechter Ganztags-Fremdbetreuung und einer wenig feinfühligen Mutter konnten den NICHD-Forschern zufolge eine Verschlechterung der Bindungsqualität zwischen Kind und Mutter bewirken.

Gute Kitas, schlechte Kitas: Was Stress in der Krippe anrichten kann

Eine gute Bindungsbeziehung zwischen Mutter und Kind (beziehungsweise Vater und Kind) kann in der Regel trotz Fremdbetreuung aufrechterhalten werden. Doch wie kommen kleine Kinder damit zurecht, dass sie in einer Kinderkrippe – oder bei einer Tagesmutter, die ja meist auch mehrere Kleinkinder zu betreuen hat – naturgemäß weniger intensive emotionale Zuwendung und Aufmerksamkeit erhalten als zuhause bei ihren Müttern oder Vätern? Dass der feinfühlige emotionale Kontakt zwischen Bindungsperson und Kind für die Entwicklung kleiner Kinder unendlich wichtig ist, wissen wir ja inzwischen. Geht man dieser Frage genauer nach, fallen die Beurteilungen deutlich kritischer aus. Viele Studien weisen darauf hin, dass ein Krippen- oder Tagesmutterbesuch unabhängig von der Qualität für die Kleinen zunächst Stress bedeutet. Die Trennung von den Eltern, die Gewöhnung an neue Bindungspersonen, der Geräuschpegel und das Gewusel in der unbekannten Umgebung sind für viele Babys und Kleinkinder anstrengend und oft auch ängstigend. Bereits zehn Wochen nach Krippeneintritt zeigen Kinder unter zwei Jahren laut der noch laufenden »Wiener Krippenstudie« veränderte Cortisolspiegel – ein Zeichen für unverarbeiteten Stress.[77] »Die sichere Bindung in der Krippe ist etwas anderes als das Zuhause«, erklärt auch Studienautorin Tina Eckstein.[78]

Nicht nur der Trennungsschmerz setzt den Kindern zu. Viele Kitas und Krippen können auch die verlässliche Zuwendung, die Babys und Kleinkinder für ihre Affektregulierung und ihr Gefühl von Geborgensein so dringend brauchen, nicht sicherstellen. Denn auch die engagiertesten Erzieherinnen oder Tagesmütter haben in der Regel viel zu viele Kinder zu betreuen, um wirklich angemessen auf jedes »ihrer« Babys oder Kleinkinder eingehen zu können. Mit dem Ergebnis, dass Babys in der Eingewöhnungsphase schon mal eine Weile vor sich hin weinen, ehe jemand Zeit hat, sich um es zu kümmern.

Der Berufsverband der Kinder- und Jugendärzte (BVKJ) stellte im März 2009 fest, dass die aktuellen Betreuungsschlüssel in deutschen Kindertagesstätten nicht mehr internationalen Standards entsprächen. Bei unter Dreijährigen – also Krippenkindern – sollte die Gruppengröße auf maximal zwölf Kinder begrenzt sein, urteilten die Kinderärzte. Für Säuglinge zwischen neun und zwölf Monaten sei dabei ein Personalschlüssel von 1:2 einzuhalten, für Kleinkinder von 12 bis 24 Monaten ein Schlüssel von 1:3 und für Kinder zwischen 2 und 3 Jahren ein Schlüssel von 1:4. In Dänemark zumindest liegt der Personalschlüssel im Krippenbereich bei 1:4, insgesamt gibt das Land derzeit vier Prozent seines Bruttoinlandsprodukts für Familien aus, fast zwei Drittel davon fließen an Kinderbetreuungsstätten.

Von dieser Wertschätzung guter Kinderbetreuung ist Deutschland noch meilenweit entfernt. Nur zwei Prozent aller deutschen Einrichtungen erfüllen im Krippenbereich, also bei Kindern unter drei Jahren, die Anforderungen des BVKJ. Der bundesdeutsche Durchschnitt liegt weit darüber, bei einem beschämend schlechten Personalschlüssel von fast 1:6. Dabei ist längst bekannt, dass der

Vergleich zwischen tages- und familienbetreuten Kindern zu Ungunsten der öffentlichen Betreuung ausfällt, wenn die Kitas zu groß sind und über zu wenig gut ausgebildetes Personal verfügen. Unter diesen Bedingungen verstärken sich sogar Verhaltensprobleme bei Kindern, denn in zu großen Kindergruppen eskalieren Konflikte schneller und die Erzieher haben weniger Möglichkeiten, die Gefühle der Kinder zu regulieren. Gerade sehr junge Kinder – unter einem Jahr – sind in Krippen bisweilen also nicht gut aufgehoben. Die Nestwärme, Ruhe und individuelle Zuwendung, die sie benötigen, können die meisten Einrichtung nicht bieten. Das gilt übrigens auch für viele Tagesmütter, die rechtlich bis zu fünf Kleinkinder gleichzeitig betreuen dürfen.

Hinzu kommt noch, dass sich dem Schweizer Entwicklungspsychologen Jean Piaget zufolge beim Baby erst nach acht bis zwölf Monaten die Objektkonstanz ausbildet, also die Gewissheit des Kindes, dass die Mutter trotz ihrer zeitweiligen Abwesenheit weiterhin existiert und dem Kind fürsorglich verbunden ist.[79] Ein jüngeres Baby hat diese Gewissheit noch nicht: Für kleine Babys ist die Mutter im Moment ihrer Abwesenheit unwiderruflich verschwunden, es ist vollkommen allein auf der Welt. In der Krippe erhält ein Baby demnach nicht nur weniger individuelle Zuwendung – es verfügt zudem noch nicht über ausreichend Objektkonstanz, um der Rückkehr der Mutter mit Zuversicht entgegenzublicken. »Eine exzellente mütterliche Betreuung in den ersten Lebensmonaten des Kindes ist besser als eine exzellente öffentliche Kindereinrichtung, in der es zwangsläufig Einschränkungen im Hinblick auf eine individualisierte Betreuung des Kindes gibt«, glaubt auch Lieselotte Ahnert.[80]

Häufig wird das Manko der verringerten individuellen Zuwendung in der Kinderkrippe allerdings zu großen Teilen nachmittags von den Eltern ausgeglichen. Viele Mütter und Väter spielen nach der Kita besonders intensiv mit ihren Kindern und helfen ihnen so, langsam zur Ruhe zu kommen und die Ereignisse des Tages zu verarbeiten. Im Schnitt erhalten tagesbetreute Krippenkinder nachmittags und abends sogar mehr Aufmerksamkeit und Zuwendung als Kinder, die in der gleichen Zeit zuhause betreut werden, fand Lieselotte Ahnert Ende der 1990er Jahre in einer Studie unter Berliner Krippenkindern heraus. »Im Ergebnis dieser Studien ließ sich deshalb kaum die Behauptung aufrechterhalten, Eltern von Krippenkindern wollten ihre Erziehungsverantwortung in die Krippe verlagern«, verteidigt die Entwicklungspsychologin berufstätige Eltern. »Mit einer erhöhten Betreuungsintensität in der gemeinsam verbrachten Zeit bewiesen sie das Gegenteil. Sie stellten in Rechnung, dass die individuellen Zuwendungsraten in der Krippenzeit zwangsläufig vermindert sind und glichen dies aus. Sie kompensierten das Manko vor allem durch viel Körperkontakt und lang anhaltende Dialoge am späten Nachmittag und vor der Schlafenszeit, die zum Spielen und Vorlesen genutzt wurde.«[81] Diese Zeit der verstärkten Zuwendung ist für kleine Kinder immens wichtig, denn so können sie ihre Tageserlebnisse gemeinsam mit den Eltern verarbeiten und ihr Stresslevel wieder herunterfahren – was tagsüber in der Kita aufgrund des Trubels kaum möglich ist.

Obwohl die Kita nicht unbedingt geeignet ist, die individuelle emotionale Balance eines sehr kleinen Kindes zu fördern, bietet sie größeren Krippenkindern (etwa ab dem Alter von 18 Monaten) durchaus wertvolle Entwicklungschancen. Immer wieder haben Studien in den letzten Jahren belegt, dass eine qualifizierte Krippenbetreuung in vielen Fällen positive Langzeitfolgen hat. Denn eine gute Kita vermittelt Kleinkindern Erfahrungen, die Mütter und Väter zu Hause bisweilen nicht bieten können: Das Klettern, Spielen, Singen, Toben und Basteln mit anderen Kindern fördert Kleinkinder und fordert sie zugleich heraus. So entwickeln sie schon früh Neugier, soziale Kompetenzen und gute Kommunikationsfähigkeiten.

Vorsprung durch Bildung: Gute Kitas machen schlau

Eine aktuelle Untersuchung von Schweizer Forschern im Auftrag der Bertelsmann-Stiftung in Deutschland kam sogar zum Ergebnis, dass der Anteil der Gymnasiasten bei Krippenkindern höher ist als bei den Kindern, die »nur« in der Familie aufwachsen. Zwar zeigte sich auch bei dieser Studie, dass die Bildung der Eltern noch immer den größten Einfluss auf die Schulkarriere hat – der Bildungsstand werde »vererbt«, sagen die Schweizer Forscher – aber dennoch spielte auch der Krippenbesuch offenbar eine Rolle: Um immerhin ein Viertel stieg mit dem Krippenbesuch auch bei den Nicht-Akademiker-Kindern die Wahrscheinlichkeit, dass sie den höheren Bildungsweg einschlugen.

»Es kommt natürlich immer sehr auf das Kind an«, resümieren die Forscher Tobias Fritschi und Tom Oesch vom Schweizer Büro für Arbeits- und sozialpolitische Studien. »Aber grundsätzlich ist es für einen Zweijährigen gut, mehrmals in der Woche in eine Krippe zu gehen, wenn die Betreuer erfahren sind und nicht überlastet.«[82]

Am meisten profitieren Kinder aus anregungsarmen oder benachteiligten Familien von einer guten öffentlichen Betreuung in den ersten Lebensjahren. Das konnten in den letzten Jahrzehnten viele Projekte in Brennpunkt-Stadtteilen weltweit zeigen. In den 1960er Jahren etwa gründete eine Gruppe engagierter und hochqualifizierter Pädagogen in Michigan das Perry Preschool Project, ein Kindergartenprojekt für Dreijährige aus stark belasteten afroamerikanischen Familien. Jeden Wochentag gingen die Kinder drei Stunden in die Perry Preschool und lernten, spielten und bastelten dort in Kleingruppen. Noch Jahrzehnte später konnte das Perry Preschool Project beeindruckende Erfolge nachweisen: Die dort betreuten Kinder zeigten in der Schule weniger Auffälligkeiten und größere Lernerfolge, und auch als Erwachsene waren sie seltener kriminell und erreichten bessere Abschlüsse und höhere Einkommen als ihre Altersgenossen aus der Kontrollgruppe ohne Preschool. Die frühen Bildungsangebote der Perry Preschool hatten den Kindern also enorme Chancen im Bildungssystem eröffnet.

Ähnlich verhält es sich noch heute in Deutschland bei vielen Kindern aus Zuwandererfamilien oder aus Familien mit niedrigen Bildungsniveaus. Die Wahrscheinlichkeit, das Gymnasium zu besuchen, erhöht sich bei Kindern aus Zuwandererfamilien durch den Besuch einer Kinderkrippe (siehe Fritschi und Oesch) um insgesamt 55 Prozent. Am stärksten aber profitieren Kinder, deren Eltern höchstens einen Hauptschulabschluss haben: Ihre Chance, ein Gymnasium zu besuchen, verdoppelt sich fast, wenn sie in ihren ersten Lebensjahren eine gute Krippe besucht haben. Und manchmal kann die Krippe nicht nur eine erfolgreiche Bildungseinrichtung sein, sondern auch ein wichtiger Rückzugsort, der ganz neue Beziehungserfahrungen anbietet. Gerade diejenigen Babys und Kleinkinder, die zuhause vernachlässigt werden, sind tagsüber in guten Kitas besser aufgehoben als bei ihren Eltern. Sie machen dort ganz andere Lern- und Bindungserfahrungen, und das Risiko, aufgrund von Bildungs- oder Entwicklungsrückständen später im Leben ihren Altersgenossen hinterherzuhinken, verringert sich deutlich. Doch auch Kleinkinder, die in einem innerfamiliär stark belasteten Familienklima aufwachsen – zum Beispiel aufgrund von elterlichen Beziehungs- oder Scheidungskonflikten – profitieren von sicheren und unbelasteten Bindungen zu ihren Erzieherinnen und Erziehern. In Deutschland sind gegenwärtig 30 Prozent aller Ehen von Scheidung betroffen, die durchschnittlich nach einer mittleren Ehedauer von fünf Jahren vollzogen werden, so dass tatsächlich besonders oft Klein- und Vorschulkinder betroffen sind.

Im Großen und Ganzen stehen die meisten Kleinkindforscher einer Krippenbetreuung heute also positiv gegenüber. Etliche Studien haben zeigen können, dass eine gute Krippenbetreuung langfristig nicht schadet – sofern sie nicht unter einem Jahr beginnt und nicht ganztags andauert, was hierzulande ohnehin eher selten ist. Und natürlich ist auch die Qualität der Kita ausschlaggebend: In guten Krippen sind die Gruppen klein und die Personalschlüssel hoch. Sogar die Deutsche Psychoanalytische Vereinigung e.V. urteilte 2007 in einem Memorandum zum Krippenausbau der Bundesregierung: »Ein Kind mit sicheren Bindungen innerhalb seiner Familie wird den behutsamen Schritt in eine zusätzliche Betreuung außerhalb der Familie als Bereicherung seiner Erfahrungswelt erleben.«

Damit die Kita-Zeit gelingt: Die elterliche Haltung zur Fremdbetreuung

Zu einer gelingenden Krippenzeit trägt aber nicht nur die Qualität der Kita bei, sondern ebenso die Haltung der Eltern. Wichtig ist zum Beispiel eine behutsame Eingewöhnungs- und Trennungsphase, die dem Kind ausreichend Zeit gibt, sich an die Kita und die neuen Erzieher zu gewöhnen. Klappt die Eingewöhnung nicht so gut, kann es für die Eltern lohnend sein, auch die eigene Haltung unter die Lupe zu nehmen: Fällt der Mutter etwa die Trennung von ihrem Kleinkind besonders schwer, weil sie Schuldgefühle hat oder Ängste, wird sich vermutlich auch das Kind mit der Eingewöhnung in die Kita schwer tun. »Nicht die Tatsache der Trennung von Mutter und Kind durch außerfamiliäre Betreuung in früher Kindheit per se muss traumatisch sein«, erklärt auch die Psychoanalytikerin Ann Kathrin Scheerer. »Den entscheidenden Unterschied macht die Art und Weise der Trennung – und diese wiederum hängt von der Qualität der Mutter-Kind-Beziehung, der Persönlichkeit der Eltern, deren Beziehung und inneren ›Arbeitsmodellen‹ ab.«[83]

Eltern sollten außerdem akzeptieren können, dass mit einer Fremdbetreuung neue Bezugspersonen ins Leben ihrer Kinder treten, die den Kindern unter Umständen sehr ans Herz wachsen. Gerade Kinderfrauen, die Babys von Anfang an Vollzeit betreuen, werden den Kindern vielleicht streckenweise wichtiger als Mutter oder Vater. Diese narzisstische Kränkung können nicht alle Eltern verkraften. Der Kinderarzt Remo Largo berichtet von so einem Fall aus seiner Praxis: Eine Geschäftsfrau stellte nach der Geburt ihres Kindes eine kompetente Kinderfrau für ihr

Baby ein, die das Kind tagsüber hervorragend betreute. Als das Kind zwei Jahre alt war, realisierte die Mutter jedoch, dass die Kinderfrau nun die Hauptbezugsperson für das Kind war. Also entließ die Mutter die Kinderfrau und stellte im Jahreswechsel Au-Pair-Mädchen ein. »So wurde das Kind – relativ gesehen – emotional abhängiger von der Mutter«, erklärt Largo. »Für das Kind aber hatte sich die Situation damit entscheidend verschlechtert: Die Mutter war nach wie vor kaum verfügbar und mit den Au-Pair-Mädchen konnte das Kind keine tiefe und kontinuierliche Bindungen aufbauen. Was die Mutter getan hat, ist eine Form psychischer Kindesmisshandlung.«[84]

Unverständlich ist in dieser Hinsicht auch ein Gesuch in der Süddeutschen Zeitung vom Januar 2012: »Familie aus München-Bogenhausen sucht für Neugeborenes und 14 Monate altes Kind Kindermädchen im 14-tägigen Wechsel mit einem anderen Kindermädchen.« Alle zwei Wochen müssen sich die Kinder auf eine neue Bezugsperson einstellen, vermutlich, weil es für die Eltern so bequemer ist und eine Konkurrenz zur Mutter gar nicht erst entstehen kann.

Dennoch: Solange Kita oder Kinderfrau hinreichend gut sind und auch die Eltern mit der Fremdbetreuung ihrer Kinder reflektiert umgehen können, spricht nichts gegen eine Krippenbetreuung ab dem Alter von ein oder zwei Jahren. Sind die Eltern zufrieden, geht es meist auch den Kindern gut. Unglückliche Mütter, die viel lieber arbeiten würden, tun ihrem zweijährigen Kind deshalb auch keinen Gefallen damit, aufopferungsvoll zuhause zu bleiben. »Ein Kind entwickelt sich dann zu Hause gut, wenn die Mutter sich über das Kind freut und gern mit ihm zusammen ist«, urteilt auch der Göttinger Hirnforscher Gerald

Hüther und empfiehlt denjenigen Müttern und Vätern, die arbeiten wollen oder müssen, sich gute Betreuungsangebote zu suchen.

Doch genau daran hapert es in Deutschland noch. Trotz des anvisierten Krippenausbaus ist die aushäusige Kleinkindbetreuung in Deutschland mangelhaft: Aufgrund des viel zu hohen Personalschlüssels fehlt es in den Kitas an Erzieherinnen und Erziehern. Und auch die Ausbildung von Fachkräften ließe sich verbessern: Angesichts der Wichtigkeit der ersten Lebensjahre für die Entwicklung eines Kindes und der großen Verantwortung, die Krippenbetreuerinnen und -betreuer somit tragen, wären mehr fachspezifische Inhalte über die Bindungs- und Entwicklungsbedürfnisse von Babys und Kleinkindern wünschenswert. Außerdem sollte das beschämend niedrige Gehalt von Erzieherinnen und Erziehern angehoben werden, schließlich leisten sie eine höchst anspruchsvolle, verantwortungsvolle und nicht zuletzt auch körperlich anstrengende Arbeit.

Kurz: Wir brauchen nicht nur mehr Krippenplätze, sondern vor allem mehr gut ausgebildete, liebevolle, einfühlsame und motivierte Erzieherinnen und Erzieher, die genügend Zeit für das einzelne Kind haben. Und auch unsere gesellschaftliche Einstellung zum Elternsein und der Krippenbetreuung bedarf einer Revision. Rivalitäten zwischen Frauen ob ihrer verschiedenen Lebensentwürfe und ideologisch motivierte Streitgespräche helfen uns nicht weiter, um die Lebenssituation von Familien mit kleinen Kindern in Deutschland zu entspannen. Stattdessen sollten wir uns fragen, wie Mütter oder Väter, die in den ersten Lebensjahren zuhause bleiben möchten oder nach einer Weile gern wieder arbeiten würden, dies am besten – und zum Wohle ihrer Kinder – umsetzen können.

Zugegebenermaßen wird es nie ganz leicht sein, Kind und Karriere unter einen Hut zu bekommen. Die Kinder selbst können allerdings am wenigsten dafür. Die Liebe und Bindung, die sie in den ersten Lebensjahren benötigen, sollten wir ihnen zukommen lassen – nicht zuletzt, weil sie davon noch in der Schule profitieren. Denn frühkindliches Lernen findet nur im Kontext von Bindung statt. Warum PEKIP, Mini-English oder Musikgarten also vollkommen unnötig sind, wollen wir nun auf den nächsten Seiten sehen.

6

Liebe macht klug

Warum Frühförderung überflüssig ist

Der kleine Jonathan ist 14 Monate alt und hat gerade Laufen gelernt. Voller Begeisterung schiebt er seinen rosafarbenen Buggy auf dem Gehweg und sammelt auf dem Weg Steine und Stöckchen ein. Für den kleinen Jungen steckt die Welt voller Abenteuer, und es ist eine Freude, ihm dabei zuzusehen. Und doch sind Jonathans Tage schon ziemlich durchgeplant. Montags geht er mit seiner Mutter zum Baby-English, dienstags zur Krabbelgruppe, donnerstags zum Babyschwimmen und freitags zum Musikgarten. Jonathan macht das alles ganz zufrieden mit. Ob er wirklich Freude daran hat, ist allerdings schwer zu sagen. Doch seinen Eltern ist es wichtig, dass ihr Sohn schon früh Anregungen erfährt. »Wir wollen, dass er sich gut entwickelt«, erklärt seine Mutter. »Gerade in jungen Jahren sind Kinder ja so aufnahmefähig, da möchten wir seine Entwicklung bestmöglich unterstützen.«

Englisch für Krippenkinder? Musik für Säuglinge? Yoga für Zweijährige? Wie Jonathans Mutter sind viele Eltern heute bemüht, ihre Babys und Kleinkinder zu fördern – aus Angst, dass diese später vielleicht einmal nicht »mithalten« könnten. Ein Grund dafür ist womöglich im Wettbewerbsdenken unserer Leistungsgesellschaft zu finden, in der Annahme, man müsse sein Kind schon jetzt für die spätere Konkurrenz stählen.

Auch die Verweise vieler Experten auf die Lernfähigkeit des kindlichen Gehirns in den ersten Lebensjahren mögen damit zu tun haben. Die Furcht vieler Eltern, sogenannte Entwicklungsfenster zu verpassen, innerhalb derer kognitive Entwicklungen erfolgen oder Fremdsprachen gelernt werden sollten, treibt Mütter und Väter mit ihren Babys von Kurs zu Kurs, von PEKIP zu Musikgarten zu Baby-Lernen. Auch die zweisprachige Erziehung erlebt einen regelrechten Boom: Deutsche Eltern sprechen mit ihren Babys Englisch oder Spanisch, in der Hoffnung, ihnen so einen ordentlichen Wissensvorsprung mitzugeben. Sogar Krippen werden mittlerweile gezielt nach Förderangeboten ausgesucht. Man kann sich des Eindrucks nicht erwehren, dass manche Eltern so sehr unter Druck stehen, dass sie die ersten Lebensjahre ihres Kindes kaum genießen können. Dabei sind diese Sorgen fast immer unbegründet.

Sandkuchen backen, Wolken betrachten: Lernen durch Beziehung

Nur selten entwickeln Kinder ernsthafte Lern- und Entwicklungsstörungen, die ihre kognitive oder motorische Entfaltung beeinträchtigen. Diese Kinder brauchen schon von frühem Alter an spezielle Förderprogramme wie Psychomotorik, Ergotherapie, Logopädie oder Psychotherapie und können so eine Menge nachholen. Babys und Kleinkinder ohne Entwicklungsrückstände jedoch können vom Lernen kaum abgehalten werden. Sie nehmen schon im Mutterleib Informationen auf und bilden sich quasi im Sekundentakt durch die Eindrücke und Prägungen ihrer Umwelt fort. Für sie ist der beste und wichtigste Entwicklungsmotor die Bindung zu den emotionalen Bezugspersonen. Denn schließlich ist es die Bindungsbeziehung, die in den ersten Lebensjahren den Gehirnaufbau des Kindes am nachhaltigsten prägt. Die menschliche Intelligenz, so der renommierte Hirnforscher Joachim Bauer, hängt nämlich weniger von genetischen Veranlagungen ab als von der Art und Weise, wie die in unserem Gehirn vorhandenen etwa 100 Milliarden Nervenzellen miteinander verschaltet sind.[85]

Doch wie genau lernen kleine Kinder? – Am besten in der liebevollen Interaktion mit vertrauten Bezugspersonen. Denn dann ist die Amygdala aktiviert, ein Organ im limbischen System unseres Gehirns, das Erlebnisse mit Emotionen verknüpft und speichert. Ob nun beim Buddeln in der Sandkiste mit dem Papa oder beim Betrachten eines Bilderbuches auf dem Schoß der Oma – schon ganz kleine Kinder nehmen neue Eindrücke am nachhaltigsten und besten durch die emotionale Beziehung zu nahestehenden Menschen auf.[86]

Das kindliche Lernen klappt jedoch nur, wenn die Kleinen sich geborgen fühlen. Gestresste oder ängstliche Kinder können nur schwer neue Informationen aufnehmen. Babys zum Beispiel sind in beunruhigenden Situationen viel zu sehr damit beschäftigt, sich zu vergewissern, dass sie nicht alleine sind, um neugierig auf ihre Umwelt reagieren zu können. Außerdem führt der innerpsychische Stress im Gehirn des Kindes zu einer Ausschüttung des Hormons Cortisol, das die Leistungsfähigkeit des Gehirns herabsenkt. Die Welt um sie herum entdecken und verstehen lernen können Babys dann am besten, wenn sie den ständigen Schutz ihrer Bezugspersonen spüren, sei es von Seiten der Mutter oder der Erzieherin. Auch von Frühförderangeboten in Krippen oder Kursen profitieren sie entsprechend nur dann, wenn sie sich geborgen und sicher fühlen. »Vor der Bildung, die ja derzeit überall hofiert wird, steht die Bindung«, erklärt auch der Münchner Bindungsforscher Dr. Karl Heinz Brisch. »Wenn Kinder eine sichere Bindung haben, können sie viel besser lernen. Sie sind flexibler, kreativer, ausdauernder, haben eine bessere

Gedächtnisleistung, können Lernstoff besser integrieren und sind prosozialer.«[87]

Kurse wie PEKIP oder Babyschwimmen sind im Prinzip also gut und hilfreich, wenn sie das liebevolle Miteinander zwischen Eltern und Kind fördern. Doch notwendig sind sie nicht: Genauso förderlich wäre es für das Kind, einen Nachmittag mit der Mutter auf einer Picknickdecke im Stadtpark zu verbringen und dabei gemeinsam das Gras, die Käfer oder die Wolken im Himmel zu betrachten. Oder zusammen mit dem Vater in der Sandkiste zu sitzen und Sandkuchen zu backen: Fühlt sich das Kleinkind dabei geborgen, wird es sich schnell seiner Umwelt zuwenden und ganz automatisch motorische und kognitive Fähigkeiten entwickeln. Kindern bis zu drei Jahren könne man »nur eines verpassen, nämlich eine emotionale Bindung zu schaffen, sonst nicht viel«, schlussfolgert auch der Hirnforscher Martin Korte.[88]

Das Geheimnis schulischen Erfolgs: Selbstregulation und emotionale Intelligenz

Die beste Investition in die Zukunft eines Kindes in den ersten Lebensjahren ist folglich eine gute Beziehungsqualität und viel gemeinsam verbrachte Zeit. Davon zehren die Kinder noch in der Schulzeit – das haben in den letzten Jahren viele Forschungsprojekte belegen können. Die Entwicklungspsychologin Liselotte Ahnert untersuchte in einer Studie die Lernfreude von Kindergartenkindern und fand heraus, dass die besonders lernfreudigen Kinder zuhause über eine gute Beziehungsqualität verfügten. Auch in der Grundschule zeigten sie sich noch interessiert und bewährten sich mit guten Leistungen. Das Vermögen der Kinder, sich anzustrengen und zu disziplinieren, geht also insbesondere auf die innerhalb der sicheren Bindungsbeziehung erworbene gute Selbstregulation zurück, die Fähigkeit, eigene Impulse und Affekte ein Stück weit kontrollieren zu können. Auch der spätere schulische Erfolg hat viel mit Selbstregulation zu tun.

Das konnte der Psychologieprofessor Walter Mischel bereits im Jahr 1970 mit einem sehr unterhaltsamen Experiment an der Stanford-Universität belegen. Mischel bat vierjährige Kinder in einen Raum und legte ihnen einen Marshmallow vor. Er erklärte ihnen, dass er den Raum gleich verlassen müsse und bat sie, die Süßigkeit bis zu seiner Rückkehr nicht zu essen. Gelänge ihnen das, bekämen sie nach seiner Rückkehr zur Belohnung ein zweites Marshmallow. Mischel blieb zwanzig Minuten fort, eine sehr lange Zeit für ein vierjähriges Kind. Viele Testkinder konnten der Versuchung nicht widerstehen und verdrückten bereits nach wenigen Minuten das Marshmallow. Andere Kinder schafften es, das Marshmallow nicht anzurühren. Als ihr Verlangen zu quälend wurde, lenkten sie sich ab, indem sie sich krümmten oder wanden, Lieder vorsangen, schlafen zu legen versuchten oder schlichtweg die Augen zuhielten. Nach Mischels Rückkehr bekamen sie verdienterweise ihr zweites Marshmallow. Bemerkenswert an diesem Test war vor allem, dass er besser als jeder IQ-Test den späteren Schulerfolg dieser Kinder voraussagen konnte. Vierzehn Jahre später schnitten diejenigen Kinder, die das Marshmallow nicht angerührt hatten, im College deutlich besser ab als diejenigen Kinder, die den Marshmallow schnell verspeist hatten. Auch als Schüler hatten sie sich besser konzentrieren und anstrengen können. Gleichfalls hatten sie ihre Bedürfnisse besser aufschieben können, im Wissen, dass es irgendwann später eine Belohnung in Form von Anerkennung und guten Noten gäbe. Noch als Erwachsene waren diese Kinder doppelt so häufig beruflich erfolgreich. Ihre in früher Kindheit angeeignete Fähigkeit zur Selbstregulation war sowohl für den schulischen als auch den beruflichen Erfolg ausschlaggebend.

Doch nicht nur die Selbstregulation ist eine gute Voraussetzung für Lernerfolge. Auch die emotionale Intelligenz, die Eltern ihren Kindern innerhalb der Bindungsbeziehung vermitteln, ist eine Grundlage schulischer und beruflicher Leistungen. Der Psychologe und New York-Times Reporter Daniel Goleman popularisierte den Begriff »Emotionale Intelligenz« 1995 in seinem gleichnamigen Beststeller und beschrieb sie als die Fähigkeit, Gefühle bei sich und anderen richtig einschätzen zu können, einfühlsam auf andere Menschen zu reagieren und Konflikte gut lösen zu können. Diese sogenannten Soft Skills – in den vorigen Kapiteln haben wir sie als Mentalisierungsfähigkeit und Empathiefähigkeit kennengelernt – erwerben Kinder in den ersten Lebensjahren am besten innerhalb der sicheren Bindungsbeziehung. Sie sind unendlich wichtig, um später im Klassenverband zurechtzukommen. Sicher gebundene Kinder können sich erwiesenermaßen besser in die Gefühle, Gedanken und Innenwelten von anderen hineinversetzen – eine Grundvoraussetzung dafür, mit Mitschülern kooperieren und zusammenarbeiten zu können. Fühlen sie sich in ihrem Klassenverband und der Beziehung zu den Lehrern wohl, können sie sich viel besser auf ihre schulische Arbeit konzentrieren.

Daraus ergibt sich, dass viele Kinder nicht aufgrund ihrer intellektuellen Fähigkeiten in der Schule versagen, sondern aufgrund ihrer emotionalen Grundstruktur. »Ein noch so hochintelligentes Kind mit einer Bindungsstörung wird seine Begabung kaum realisieren können sondern höchstwahrscheinlich in der Schule scheitern und auch später in seinen Beziehungen große Schwierigkeiten haben«, erklärt auch Karl Heinz Brisch. Denn frühkindliche Erfahrungen üben einen deutlich größeren Einfluss auf schulischen Erfolg aus als die genetische Mitgift der Eltern.

Auch die berufliche Laufbahn ist häufig davon beeinträchtigt. Howard Gardner, Wegbereiter des Konzepts der Emotionalen Intelligenz und Professor für Kognitionswissenschaften an der Harvard University, erklärt: »Viele, die einen IQ von 160 haben, arbeiten für Leute mit einem IQ unter 100, weil sie selber über eine geringe, der Vorgesetzte jedoch über eine hohe interpersonale Intelligenz verfügt.«[89]

Diese Tendenzen zeigen sich schon früh. Der Entwicklungspsychologe L. Alan Sroufe konnte 2005 nachweisen, dass bei vielen Kindern bereits im Alter von dreieinhalb Jahren der spätere Schulabschluss beziehungsweise Schulabbruch vorausgesagt werden kann. In einer seit 30 Jahren laufenden Studie mit 180 Kindern aus Minnesota belegte Sroufe, dass erfolgreiche Absolventen der High School bereits im Alter von dreieinhalb Jahren mit einer Treffsicherheit von 77 Prozent als solche identifiziert werden konnten.[90] Sie alle stammten – kaum verwunderlich – aus stabilen und liebevollen Familien.

Bemerkenswert an Sroufes Studie war aber auch die Erkenntnis, dass diejenigen Kinder, die die Schule abbrachen, meist keinen speziellen Lehrer hatten, dem sie sich nahe fühlten oder den sie auf ihrer Seite wähnten. Denn nicht nur die frühe Eltern-Kind-Beziehung, auch die Lehrer-Kind-Bindung ist ausschlaggebend für den schulischen Erfolg eines Kindes. Gerade Schüler mit einem desorganisierten Bindungsstil inszenieren in der Schule häufig unbewusst ihre familiären Beziehungserfahrungen und provozieren so die Ablehnung der Lehrer. Der Bindungsforscher Karl Heinz Brisch fordert deshalb schon lange eine radikale Umgestaltung unseres Schulsystems, das neben der Vermittlung von Lernstoff vor allem auf Beziehungsarbeit setzen soll.

Glücklicher lernen: Bindung kommt vor Bildung

Wie könnte eine Schule aussehen, die nach den Erkenntnissen der Bindungstheorie ausgerichtet ist? Das große Vorbild heißt Finnland, wo der Schulbesuch im siebten Lebensjahr beginnt und die Kinder anschließend neun Jahre lang in einem festen Klassenverband von neunzehn Schülern lernen. Hochbegabte, normal begabte, körperlich behinderte Kinder und Kinder mit besonderem Förderbedarf werden gemeinsam in einer Klasse unterrichtet. Sitzenbleiben gibt es nicht. Und: In den ersten sechs Jahren werden die Schüler fast ausschließlich von ihrem Klassenlehrer unterrichtet. Für Bindungsforscher ein idealer Zustand.

»Die Lehrperson müsste per Definition die sichere emotionale Basis für die Kinder in der Schule sein«, erklärt Brisch. »Und das würde voraussetzen, dass die Lehrperson, wie in Finnland, länger mit den Kindern in einem Kontext von gemeinsamem Lernen und Beziehung ist. Kinder lernen nämlich nur dann gut, wenn sie wissen: Wenn ich Angst habe oder in Not bin, dann wird dieser Lehrer mich schützen. Wenn sie aber fürchten, dass der Lehrer sie rausschmeißt oder dass sie sitzen bleiben, dann wird ihr Bindungssystem aktiviert. Und dann fangen sie an, zu agieren, werden unruhig, stören. Das ist ein schrecklicher Kreislauf.« Auch der geschlossene Klassenverband sorge für ein gemeinsames Gruppengefühl, das die Kinder halte und trage.

Bis dahin ist es allerdings noch ein weiter Weg. Intensive emotionale Beziehungsarbeit zwischen Lehrern und Kindern findet hierzulande in der Regel allemal in den ersten ein, zwei Klassen der Grundschule statt. Angesichts der Klassengrößen von 25 bis 30 Kindern in vielen deutschen Grundschulen ist das schwer genug. Doch auch im Lehrplan angehender Pädagogen ist die Bindungstheorie häufig noch nicht angekommen. Einzelselbsterfahrung und Gruppenselbsterfahrung, eigentlich ein Muss für alle Lehrkräfte, sind ebenfalls kaum Bestandteil der Ausbildung: »Der Lehrerberuf ist ein Beruf, wo man seine eigenen Kindheitsverletzungen, Kränkungen und Konflikte ungebremst und unkontrolliert mit einer Gruppe abhängiger junger Menschen in Szene setzen kann. Dass manche Lehrer dies tun, ist hinreichend bekannt«, bedauert Brisch. »Nur gibt es in unserem Beamtensystem kaum Möglichkeiten, sich von diesen Lehrern zu trennen.«

Sollte aus jedem Lehrer – wie im PISA-erfolgsgekrönten Finnland – aber eine verlässliche und ausreichend feinfühlige Bindungsperson werden, müsse in dieser Hinsicht noch intensiver gearbeitet werden. Vor allem bräuchten die Lehrerinnen und Lehrer in Deutschland mehr Unterstützung in Form von regelmäßiger Supervision, um schwierige Schüler oder Konflikte professionell besprechen zu können. Nur so kann es gelingen, auch problematischen Kindern die emotionale Unterstützung und Empathie zukommen zu lassen, die sie brauchen, um entspannter lernen zu können. Gerade in sozialen Brennpunkten ist dies häufig nicht der Fall. »Wenn Sie nun in Gegenden gehen, wo Kinder häufig Gewalt, Deprivation und verschiedenste Formen von Traumatisierung erfahren, steigt der Anteil der Kinder mit Bindungsstörungen dramatisch an«, erklärt Brisch. »Gerade da, an vorderster Front, bräuchte es Schulmodelle, die nach bindungstheoretischen Gesichtspunkten ausgerichtet sind.«

Armut hemmt die Leistungsfähigkeit von Kindern ganz entscheidend. Sozial benachteiligte Kinder haben im Vergleich zu Mittelklasse-Kindern ein deutlich erhöhtes Stresshormon-Level, das im Gehirn zu einer ganzen Reihe kognitiver Einschränkungen führt. Sowohl das Gedächtnis, die Sprachentwicklung, die Mustererkennung als auch die kognitive Steuerung seien bei armen Kindern überdurchschnittlich beeinträchtigt, fand die Neurowissenschaftlerin Martha Farah von der University of Pennsylvania in verschiedenen Studien heraus. Schon aufgrund ihrer Herkunft scheitern viele Kinder biopsychisch an der Schule – und kommen aus dieser Falle nicht mehr heraus. »Kinder mit einem niedrigen sozioökonomischen Status sehen sich mit enormen wirtschaftlichen und sozialen Barrieren konfrontiert, wenn sie versuchen, ihr Leben zu verbessern«, erklärt Farah. »Und es ist eine tragische Ironie, dass sie diese Herausforderungen auch noch mit verminderten Ressourcen angehen müssen, als Ergebnis von Belastungen in frühester Kindheit.«[91]

Wie man die transgenerationale Weitergabe von Armut und ungünstigen kognitiven Prägungen unterbrechen könnte, darauf sucht die Hirnforscherin Farah aktuell eine Antwort. Für die Epidemiologin Kate Pickett und den Wirtschaftshistoriker Richard Wilkinson aus Großbritannien allerdings ist die Sache klar: Sie plädieren für eine radikale Umgestaltung der Gesellschaft. Für ihr 2010 veröffentlichtes Buch »Gleichheit ist Glück« analysierten Pickett und Wilkinson Datenmaterial aus zwei Dutzend Industriestaaten und fanden heraus: Je ungleicher Gesellschaften verfasst sind, umso schlechter geht es den Menschen dort.[92] Wo hingegen eine gewisse soziale Gleichheit herrscht, sind die Leute gesünder und werden älter. Nicht das Bruttosozialprodukt des jeweiligen Landes, sondern die Höhe des sozialen Gefälles zwischen Arm und Reich ist dabei entscheidend. So ist zum Beispiel die Lebenserwartung im armen Bangladesch – wo alle arm sind – deutlich höher als in Harlem, New York, wo zwar der allgemeine Lebensstandard besser, aber eben auch die soziale Ungleichheit ausgeprägter ist. Der wichtigste Grund für diese »soziale Psychosomatik« sei die Tatsache, dass Ungleichheit eine seelische Kränkung sei und chronischen psychischen Stress erzeuge, erklären Pickett und Wilkinson. Besonders die vermehrte Ausschüttung des Hormons Cortisol führe in den entwickelten Ländern zu Herz-Kreislauf-Erkrankungen, Schlaganfällen und Fettleibigkeit. Fazit: Der Kreislauf der Weitergabe von Armut und kognitiver Einschränkung lässt sich möglicherweise reduzieren, indem eine Gesellschaft ein möglichst geringes soziales Gefälle zwischen den Bürgern aufweist.

Wenn also überhaupt etwas die kognitive und motorische Entwicklung von Babys und Kleinkindern zu hemmen vermag, dann sind es – abgesehen von diagnostizierten körperlichen oder geistigen Beeinträchtigungen – vor allem Armut und emotionale Vernachlässigung oder Misshandlung. Verfügt ein kleines Kind aber über zuverlässige und feinfühlige Bindungspersonen, ob zuhause oder in der Kita, dann entwickelt es ganz automatisch Neugierde, Kreativität und eine gute Gedächtnisleistung. EQ geht über IQ, sagt auch der Hirnforscher Martin Korte. Eltern tun gut daran, mehr Wert auf die gesunde Persönlichkeitsentwicklung ihres Kindes zu legen als auf intellektuelle Errungenschaften. Und auch die Gesellschaft – sprich: Kindergärten, Schulen, sogar Universitäten – sollten viel stärker auf Beziehung und Bildung durch Bindung setzen als auf rein kognitive-intellektuelle Bildung.

Es ist an der Zeit, mehr Unbeschwertheit und weniger Druck in das Leben mit Kindern einziehen zu lassen. Nicht zuletzt, weil das menschliche Gehirn glücklicherweise flexibel und selbst in späteren Lebenszeiten noch offen für Veränderungen ist. Dank unserer neuronalen Plastizität können selbst schlechte Schüler später im Leben noch durchstarten und bindungsgestörte Kinder mithilfe neuer Beziehungen oder Psychotherapie zu glücklichen Erwachsenen werden. Dazu braucht es allerdings viel Geduld: Nicht nur eingeübte Verhaltensmuster, sondern auch unsere Hirnstrukturen müssen sich verändern. Durch die neuen Lern- und Bindungserfahrungen entstehen dann neue Nervenzellverbindungen, die sich, wenn sie oft genug aktiviert werden, irgendwann zu sicher abrufbarem Wissen verfestigen. Wie uns unsere frühen Bindungserfahrungen also noch als Erwachsene prägen und was wir gegebenenfalls dagegen tun können – das wollen wir nun auf den nächsten Seiten sehen.

7

»Von der Wiege bis zum Grab«

Wie frühe Bindungserfahrungen noch als Erwachsene unsere Beziehungen prägen – und wie es uns gelingt, umzulernen

Bislang haben wir uns intensiv mit der frühen Kindheit und den Folgen frühkindlicher Bindungserfahrungen beschäftigt. Wir haben gesehen, dass unsicher gebundene Babys als Erwachsene häufiger an psychischen und körperlichen Erkrankungen leiden. Und auch die schulische Lernfähigkeit und der berufliche Erfolg stehen in Zusammenhang zu den Erfahrungen der ersten Lebensjahre. Eine sichere frühkindliche Bindung hat Auswirkungen auf viele Facetten unseres erwachsenen Daseins und stellt eine hervorragende Grundlage für ein einigermaßen gesundes und erfülltes Leben dar. »Wir alle sind – von der Wiege bis zum Grab – am glücklichsten, wenn unser Leben wie eine Serie von langen oder kurzen Ausflügen um die sichere Basis, die unsere Bezugspersonen bieten, organisiert ist«, schrieb schon John Bowlby, Vater der Bindungstheorie.[93]

In diesem Kapitel wollen wir uns nun einen Schritt weit von der Wiege entfernen und uns stattdessen, wenn schon nicht dem Grab, dann zumindest dem Erwachsenenleben widmen. Wir wollen schauen, wie sehr unsere frühen Bindungserfahrungen noch in unsere erwachsenen Beziehungen und Partnerschaften hineinwirken – und wie wir genau innerhalb dieser Beziehungen unsere Bindungsmuster umlernen können. Denn erfreulicherweise ist unser Bindungssystem flexibel. Diejenigen von uns, die in ihrer frühen Kindheit also keine hinreichend guten Bindungserfahrungen gemacht haben, haben im Erwachsenenalter durchaus Chancen zum Nachreifen.

Neue Liebe, alte Muster: Warum die Kindheit noch in unsere Partnerschaften wirkt

Doch zunächst: Wie kommt es, dass auch unsere erwachsenen Beziehungen bisweilen noch von unseren frühen Bindungserfahrungen geprägt sind? Ganz einfach: Unser Unbewusstes vergisst sie nicht. Je nachdem, wie gut oder schlecht wir in unserer Kindheit Beziehungen erlebt haben, gehen wir meist auch als Erwachsene an Freundschaften und Partnerschaften heran. Haben wir bereits als kleine Kinder die Bindungen zu unseren Eltern als positiv und sicher erfahren, ist die Wahrscheinlichkeit hoch, dass wir auch im Erwachsenenalter gute Partnerschaften führen können.

Die renommierten deutschen Entwicklungspsychologen Karin und Klaus E. Grossmann untersuchten in einer 22-jährigen Längsschnittstudie 49 Familien in Bielefeld und konnten belegen, dass diejenigen Kinder, die feinfühlige Eltern erlebt hatten, sich später zu Erwachsenen entwickelten, die eine »sichere Partnerschaftsrepräsentation« verinnerlicht hatten und enge Beziehungen somit als verlässliche Quellen der Geborgenheit zu schätzen wussten. Außerdem waren die jungen Erwachsenen in der Lage, feinfühlig auf die Bindungsbedürfnisse ihrer Partner zu reagieren: Sie konnten gut mentalisieren, das heißt sowohl die eigenen Gefühle als auch die ihrer Partner innerhalb der Beziehung nachvollziehen und reflektieren. Schon im Kleinkindalter erwiesen sich die mütterliche und väterliche Feinfühligkeit als prädiktiv für die spätere Partnerschaftsrepräsentation des Kindes.[94]

Sind wir hingegen unsicher gebunden, haben wir eher Schwierigkeiten, uns auf Beziehungen einzulassen. Wir haben es schlichtweg nicht gut gelernt und Bindungen als unzuverlässig erfahren. Vielleicht werten wir deshalb die Bedeutung von Partnerschaften ganz ab oder müssen unsere Partner immer auf Abstand halten. Sind wir gar bindungsgestört, weil unsere Bezugspersonen vielleicht angsteinflößend oder übergriffig waren, wir als kleine Kinder immer wieder Gewalt anstatt Schutz und Sicherheit erfahren haben, so erleben wir Beziehungen auch später häufig als bedrohlich oder unzuverlässig. Möglicherweise wiederholen wir unsere Geschichte sogar in unseren Partnerschaften, indem wir uns Partner suchen, die sich ähnlich verhalten wie unsere Bindungspersonen als Kind. Oder wir versuchen immer wieder, uns in Partnerschaften das abzuholen, was wir als Kinder nie bekommen haben. Besonders wenn wir lieben und uns ernsthaft binden, kommen diese inneren Konflikte auf den Tisch. Die Bindungsmuster, die wir seit unserer Kindheit mit uns herumtragen, stören unsere Beziehungen. Plötzlich läuft ein Film an, den wir längst kennen und dessen Charaktere und Drehbuch wir schon vor Ewigkeiten festgelegt haben.

Auch die Sozialpädagogin Hanna Ahlers erlebte das so. Fast zwanzig Jahre befand sich die 40-Jährige durchgängig in verschiedenen Beziehungen, die stets nach demselben Muster abliefen: »Ich habe mir immer Partner gesucht, die mir groß und stark erschienen und bei denen ich klein sein konnte«, erzählt Hanna Ahlers. »Ich saß ihnen quasi die ganze Zeit auf dem Schoß! Doch irgendwann kam jedes Mal der Punkt, an dem ich so sehr Kind war, dass ich mich unfähig fühlte, überhaupt noch eigene Entscheidungen zu treffen.« Ein Dilemma für die Sozialpädagogin, die außerhalb ihrer Beziehungen eine selbstsichere und kompetente Frau war.

Also gab Hanna Ahlers ihren Freunden immer wieder nach ein bis zwei Jahren den Laufpass, weil sie den Konflikt, in der Beziehung das Kindchen und außerhalb der Beziehung eine erwachsene Frau zu sein, nicht mehr aushielt. Bis zum nächsten Mann, mit dem dasselbe Spielchen wieder losging.

Um Hanna Ahlers' wiederkehrendes Beziehungsmuster zu verstehen, muss man in ihre frühe Lebensgeschichte blicken. Sie ist die älteste von vier Geschwistern und war schon als kleines Kind in die Erwachsenenrolle gedrängt worden. Ihre Mutter hatte früh die Eltern verloren und war viele Jahrzehnte depressiv. Hanna musste immer die Große sein, Bedürftigkeit und Wut konnte sie sich nie erlauben – auch, weil ihre Mutter ein unberechenbar launischer Mensch war. »Ich musste immer angepasst sein. Wenn ich etwas gemacht hatte, was meiner Mutter missfiel, konnte es sein, dass mir danach die Teller um die Ohren flogen. Also habe ich immer versucht, zu gefallen«, erklärt sie. »Und dieses Muster habe ich dann in meinen Beziehungen fortgesetzt. Einerseits musste ich immer lieb sein, weil ich sonst Angst hatte, wieder zu missfallen. Und andererseits hatte ich über diese Kind-Rolle versucht, mir endlich das abzuholen, was ich nie bekommen habe: Nämlich Fürsorge und Zuneigung. Dieses Muster war wie eingeschweißt.«

Irgendwann war für Hanna Ahlers allerdings der Punkt erreicht, an dem sie nicht mehr konnte. Ihr Partner, in den sie sehr verliebt war, zog in eine andere Stadt und verlangte, dass sie mitkam. Er war es gewohnt, dass sie sich ihm stets unterordnete. Aber sie wollte ihren Wohnort nicht verlassen und trennte sich Hals über Kopf von ihm. »Da habe ich zum ersten Mal wahrgenommen, dass bei mir etwas nicht stimmt«, erzählt sie. »Von einem Tag auf den anderen verlas-

se ich plötzlich diesen Mann, den ich total idealisiere – und spürte plötzlich gar nichts mehr.«

Sie geriet in eine schwere Krise und fand heraus, dass sie ihre Beziehungen nicht mehr so gestalten wollte und konnte wie bisher. Sie wollte eine gleichberechtigte Partnerin in einer erwachsenen Partnerschaft sein. Aber gleichzeitig tat sich dadurch ein riesiges Vakuum auf: »Ich bin immer von einer Beziehung in die nächste gegangen, das war mein Lebensinhalt!«, erzählt sie. »Das war das, worüber ich existiert habe, schon als Kind. Und plötzlich wusste ich nicht mehr, wie ich das machen sollte, zu leben – ohne eine Beziehung an meiner Seite.« Sie ließ sich in eine psychosomatische Klinik einweisen und begann dort eine Psychotherapie. Nach und nach begann sie die Ursprünge ihrer Partnerschaftsprobleme zu verstehen.

Wenn Kinder eine unsichere Bindung erlebt haben, tun sie, was sie können, um die Bindung zu halten. Dabei greifen sie in der Regel auf das Bindungsmuster zurück, das sie bereits kennen. Dieses Verhalten setzt sich, wenn es nicht reflektiert werden kann, unter Umständen bis ins Erwachsenenalter fort. Bei bindungsgestörten Kindern nimmt das manchmal pathologische Züge an: Kinder von Alkoholikern suchen sich als Erwachsene bisweilen selbst Alkoholiker als Partner, weil sie die Rolle des »Co-Abhängigen« schon in frühester Kindheit innehatten; sexuell missbrauchte und schwer bindungsgestörte Mädchen binden sich vielleicht an Zuhälter, weil sie diese Art von Missbrauchsbeziehung schon aus ihrer Kindheit kennen. Natürlich gibt es auch viele Kinder, die sich trotz solcher Biographien gut entwickeln – die Resilienzforschung hat gezeigt, dass persönliche Ressourcen wie positive Temperamentseigenschaften, eine hohe Intelligenz oder gute Beziehungserfahrungen außerhalb des Elternhauses dabei eine wichtige Rolle spielen. Dennoch haben viele bindungsunsichere Kinder später Probleme in Partnerschaften.

Auch die gelebte Sexualität ist im Erwachsenenalter häufig davon beeinträchtigt. So zeigen bisherige Studien, dass Erwachsene mit einer autonomen Bindungseinstellung – also sicher gebundene Erwachsene – beim Sex mehr Wert auf Gegenseitigkeit und körperlichen Kontakt legen und außerdem ein deutlich geringeres Verlangen nach Sex außerhalb der Beziehung haben. Erwachsene mit einer unsicher-distanzierten Bindungseinstellung hingegen sind »one night stands« gegenüber aufgeschlossener und verspüren in sexuellen Beziehungen weniger Intimität. Menschen mit einer unsicher-ambivalenten Bindungseinstellung wiederum bevorzugen in sexuellen Beziehungen Erfahrungen von Zärtlichkeit und Gehaltenwerden, die sexuelle Befriedigung an sich hingegen steht für sie eher im Hintergrund. »Es ist völlig klar, dass die Art und Weise, wie wir unsere Gefühle zu regulieren lernen, auch beim Thema Sexualität Niederschlag findet«, erklärt die britische Psychoanalytikerin Kate White. »Denn intime sexuelle Beziehungen bringen uns dazu, sehr intensiv durch unseren Körper zu fühlen. Diese sinnlichen Berührungen führen uns aber häufig unbewusst zurück zur Zeit unserer frühesten Kindheit. Denn unsere ersten Beziehungen sind vor allem körperliche Beziehungen, als Babys werden wir gehalten, gestreichelt, gefüttert, gewindelt, gebadet, gekleidet und so weiter. Bereits diese ersten körperlichen Beziehungen prägen unsere zukünftigen Körperempfindungen.«[95]

Eltern, die sich in ihren Körpern wohlfühlen und den Körperkontakt zu ihrem Baby genießen, vermitteln ihrem Kind höchstwahrscheinlich auch ein gutes Körpergefühl. Distanziert-abweisende Bindungspersonen hingegen, die sich bei Berührungen generell unwohl fühlen, geben dieses Körpermuster möglicherweise auf eine nonverbale, körperliche Art und Weise an ihr Kind weiter. Gleiches gilt für Eltern, die eine verstrickte Bindungseinstellung aufweisen und ihr Kind gar nicht erst als separates Gegenüber begreifen können oder die körperlichen Grenzen ihres Kindes nur schlecht wahrnehmen. Diese Kinder erleben sexuelle Berührungen dann vielleicht schneller als übergriffig oder sogar angsteinflößend.

Doch nicht nur die reine Körperlichkeit intimer Beziehungen bringt uns in die Nähe unserer frühen Bindungserfahrungen – auch unsere inneren Arbeitsmodelle von Beziehungen kommen beim Sex zum Tragen. Kate White erforscht seit 25 Jahren den Zusammenhang zwischen Bindung und Sexualität und erlebt in ihrer Praxis immer wieder, dass Liebe und Sex für viele Menschen furchterregende Themen sind. »Um den Mann oder die Frau unseres Begehrens gewinnen zu können, müssen wir unsere inneren Gefühle nach außen tragen«, erklärt sie. »Und das zieht viele Unsicherheiten nach sich, die ihren Ursprung in unserer Kindheit haben. Fragen wie: Bin ich liebenswert? Werde ich wieder abgelehnt werden? Kann ich es wagen, das Risiko einer Beziehung überhaupt einzugehen? Hinter den meisten sexuellen Problemen stecken starke Ängste vor Intimität oder Liebe.« Gerade sicher gebundene Menschen hätten diese Ängste aber eher nicht. Sie könnten sich besser einlassen und auch in ihrem Intimleben mehr fordern, beobachtet die Psychoanalytikerin, deren Buch

»Attachment and Sexuality in Clinical Practise« im Jahr 2007 erschienen ist.[96] Auch trennten sich sicher gebundene Männer und Frauen eher aus emotional oder sexuell unbefriedigenden Partnerschaften. Menschen mit einer verstrickten Bindungseinstellung hingegen versuchten die Beziehung dennoch aufrechtzuerhalten, weil ihre Angst, verlassen zu werden, so groß sei, dass sie auch in einer sexuell unbefriedigenden Partnerschaft ausharren würden. Für distanziert-abweisend gebundene Menschen hingegen könne es furchterregend sein, in einer Partnerschaft gleichzeitig tiefe Liebe und sexuelles Glück zu verspüren. »Es ist eine riesige Herausforderung, eine vertrauensvolle Liebesbeziehung aufzubauen«, schlussfolgert Kate White. »Bevor man das kann, muss man erst mal getrauert haben um die Beziehungen, die man nie hatte, sich aber gewünscht hätte.«

In Beziehungen nachreifen: Wie es uns gelingen kann, Bindungsmuster umzulernen

Innerhalb einer neuen Partnerschaft oder einer Psychotherapie können wir unser Bindungsmuster allerdings umlernen und nachreifen. Diese neuen Erfahrungen speichern wir dann in unserem Unbewussten ab und können sie stets wieder aktivieren.

Hanna Ahlers brauchte viele Jahre, um ihr Bindungsmuster umzulernen. Fünf Jahre lang ging sie zur Psychoanalyse. In dieser Zeit wurde die Psychoanalytikerin zu ihrer guten zweiten Mutter. Die Erfahrung, eine Beziehung zu einer er-

wachsenen, stabilen älteren Frau zu führen, die immer für sie da war, erlebte die Sozialpädagogin als bereichernd. »In dieser Beziehung konnte ich klein sein, aber ich konnte auch stark sein«, erzählt Hanna Ahlers. »Ich lernte, dass beides gleichzeitig geht. Ich brauchte wirklich diese gute Mutter, um etwas nachzuholen.«

Auch eine neue Partnerschaft erlaubte ihr, Neues auszuprobieren. Sie lernte zu streiten und machte die Erfahrung, dass nicht alles gleich zusammenbrach, wenn sie aus ihrer kindlichen Rolle fiel. Heute ist dieser Mann zwar nicht mehr ihr Partner, aber immer noch ihr bester Freund. Danach war Hanna Ahlers zwei Jahre Single – auch eine wichtige Zeit für die Sozialpädagogin. Immer wieder merkte sie, dass sie sich zu Männern hingezogen fühlte, die in ihr altes Bindungsmuster passten – und immer wieder zog sie rechtzeitig die Notbremse. Vor drei Jahren lernte sie dann ihren jetzigen Mann kennen: Einen Menschen, der so ganz anders war und nichts von ihr verlangte. »In dieser Beziehung bin ich zum ersten Mal ganz rollenfrei«, erklärt sie. »Ich muss nichts leisten, nichts darstellen und mich auch nicht unterordnen, um gemocht zu werden. Es ist einfach nur entspannt. Ich fühle mich wirklich, als ob ich angekommen bin. Aber dafür hat es auch fast zwanzig Jahre gebraucht.«

Beim Umlernen eines Bindungsmusters funktioniert – wie bei Hanna Ahlers – eine Psychotherapie so hervorragend, weil der Patient innerhalb dieser Beziehung ganz automatisch sein altes Bindungsmuster aktiviert. Ein erwachsener Mann mit einer distanziert-abweisenden Bindung wird auch in einer Psychotherapie höchstwahrscheinlich nicht allzu große Nähe zu seiner Therapeutin zulassen und seine Nähe-Angst somit auf seine Therapeutin übertragen. Dieses Verhalten könnten Patient und Therapeutin dann gemeinsam durcharbeiten und analysieren und so zum Kern seiner Beziehungsschwierigkeiten vordringen. Ein junges Mädchen mit einer langen Geschichte an sexuellen Missbrauchserfahrungen hingegen wird mit dem Psychotherapeuten möglicherweise unbewusst zu flirten beginnen – weil sie eben gelernt hat, über sexualisiertes Verhalten eine Bindungsbeziehung herzustellen. Indem der Psychotherapeut ihr jedoch eine Beziehung anbietet, in der sie Verlässlichkeit, Sicherheit und emotionale Verfügbarkeit ohne jegliche Sexualisierung erfährt, kann das alte Bindungsmuster womöglich reflektiert und »überschrieben« werden.

Für diesen Prozess braucht es allerdings Mut und viel Geduld. Denn wir lernen nicht nur unsere eingeübten Verhaltensmustern um, sondern auch unsere Hirnstrukturen müssen sich verändern. Durch neue Bindungserfahrungen entstehen neue Nervenzellbindungen, die, wenn sie oft genug aktiviert werden, sich irgendwann zu sicher abrufbarem Wissen verfestigen. Wenn wir also wieder und wieder die Erfahrung machen, dass Bindungen gut und verlässlich sein können, dann speichert auch unser Gehirn diese Information irgendwann nachhaltig ab.

Doch es gibt noch eine weitere Ebene, auf der die Psychotherapie wirkt. Denn der Psychotherapeut hilft dem Patienten nicht nur auf verbaler Ebene, seine Bindungsmuster besser verstehen zu können – er wirkt auch auf psychobiologischer Ebene. Und zwar, indem er Kraft seiner Mimik, Körperhaltung und Stimmlage die Emotionen des Patienten reguliert und austariert. Genau wie Babys von ihren Bezugspersonen lernen, ihren eigenen inneren Zustand zu deuten, indem sie die Mimik ihrer Bindungspersonen imitieren, funktioniert auch die Kommunikation zwischen Patient und Psychotherapeut über eine Spiegelung der Gefühle. Anders gesagt: Der mentalisierende Psychotherapeut tut im Prinzip das, was die Bindungsperson des Patienten in frühester Kindheit nicht tat oder tun konnte. Diese Form der nonverbalen Kommunikation läuft jedoch völlig unbewusst ab.

Für schwer bindungsgestörte Patienten ist diese »psychobiologische« Wirkung der Psychotherapie aber fast noch ergiebiger als die rein verbal-kognitive Variante. »Heute wissen wir, dass die Störungen vieler Patienten so frühen Ursprungs sind, dass die Patienten keine Möglichkeit hatten, diesbezüglich eine Reflexionsfähigkeit zu entwickeln«, erklärt der Neuropsychoanalytiker Allan N. Schore. »Für eine ›Redekur‹, wie Freud die Psychotherapie nannte, sind diese Patienten also kaum zugänglich. Für sie geht es in erster Linie darum, Trost annehmen zu können, traumatische Erfahrungen teilen zu können, also eine wirklich tragfähige und intime Bindung zum Psychotherapeuten aufbauen zu können, um mit dessen Hilfe die eigenen Affekte verstehen und regulieren zu lernen. Damit das rechte Hirn sich ändern kann, braucht es solcherart emotionale Erfahrungen.«

Mithilfe bildgebender Verfahren der Hirnforschung können Wissenschaftler heute sogar beobachten, wie neue emotionale Erfahrungen bisher »stumme« Bereiche des Gehirns zu aktivieren vermögen. So sind in den Arealen der rechten vorderen Gehirnhälfte während der Psychotherapie bei Patienten deutlich weniger Stressaffekte zu sehen, wenn diese sich in der therapeutischen Bindung mit ihren Ängsten emotional gehalten und verstanden fühlen. »Alle Formen psychischer Störungen sind geprägt von mangelhafter Affektregulation«, glaubt Allan N. Schore. »Und alle Formen der Psychotherapie sind Formen der Affektregulation. Der Psychotherapeut wirkt also als psychobiologischer Regulator des Zustands des Patienten.« In diesem Sinne macht der Psychotherapeut das, was der Bindungsperson des Babys nicht so gut gelungen ist – nämlich die rechte Hirnhälfte des Patienten positiv zu programmieren.

Ähnlich funktioniert es in guten Partnerschaften. Menschen, die eher bindungsvermeidend orientiert sind, können in Beziehungen umlernen, in denen der Partner sensibel mit ihren Ängsten umgeht. Stück für Stück erkennen sie dann, dass vom neuen Partner keine Bedrohung ausgeht und lernen, sich fallen zu lassen. Menschen hingegen, die zwischen dem Bedürfnis nach Nähe und dem Wunsch nach Abstand schwanken, können ihr Bindungsmuster am besten in einer Beziehung mit einem in sich ruhenden Partner überschreiben.

Sogar wenn beide Partner bindungsunsicher sind, kann das Umlernen innerhalb einer Beziehung funktionieren, erklärt Karl Heinz Brisch. Die Voraussetzung dafür sei allerdings, dass die Partner ihr Verhalten immer wieder reflektierten und einander spiegelten – und so das Bindungsmuster des Anderen einzuschätzen lernten. Macht der Mensch dann oft genug die Erfahrung, dass eine befürchtete Reaktion des Partners auf die eigene Verhaltensweise nicht eintritt, verändert sich das Bindungssystem in Richtung Sicherheit. »Earnt Security« nennen Forscher dieses neu erworbene Bindungsmuster.

Doch es wäre zu optimistisch zu behaupten, dass sich alle Formen der Bindungsverunsicherung und Bindungsstörung – wie bei Hanna Ahlers – später durch eine Therapie oder neue Beziehung korrigieren lassen. Es gibt traumatische Bindungserfahrungen, die so stark in die Persönlichkeit der Betroffenen eingraviert sind, dass Beziehungen gänzlich vermieden werden müssen, um das Triggern alter Erinnerungen zu vermeiden. Von ihren Bindungspersonen sexuell missbrauchte Kinder zum Beispiel können als Erwachsene bisweilen keine Partnerschaften mehr eingehen. Zwar sind sie vielleicht später beruflich erfolgreich und haben Freundschaften, doch Themen rund um den Körper wie Intimität, Sexualität und Schwangerschaft bleiben für sie tabu.

Andere wiederum schaffen es, trotz schlimmster Missbrauchserfahrungen später gelingende Liebesbeziehungen einzugehen. Sie sind vielleicht von vornherein resilienter oder haben in ihrem Leben immer wieder auch Bindungserfahrungen mit guten Menschen gemacht, vielleicht mit liebevollen Großeltern oder unterstützenden Lehrern.

Es gibt kein Patentrezept, um Bindungsmuster umzulernen. Wichtig ist vor allem, dass diese Muster überhaupt erst einmal erkannt werden. Dabei kann uns eine Psychotherapie helfen oder auch eine Beziehung, in der wir uns gehalten fühlen. Haben wir das geschafft, stehen die Chancen gut, dass unsere nächsten Partnerschaften beglückender sind. »Ganz allgemein können wir dann die Komplexität des Lebens und der Liebe besser aushalten«, erklärt auch Kate White. »Wir müssen nicht mehr spalten zwischen Liebe und Sex, zwischen Gut und Böse, zwischen Licht und Dunkelheit. Sondern können viel flexibler auf unser Leben und unsere Beziehungen zugehen. Wenn wir sicher gebunden sind, sind Liebe und Sex keine furchterregenden Wagnisse mehr.«

Unglückliche Kinder können sich also immer noch zu lebensfrohen Erwachsenen und liebevollen Partnern entwickeln. Die Geschichte muss sich nicht wiederholen: Selbst aus bindungsgestörten Kindern können feinfühlige Eltern werden, die den Kreislauf der Weitergabe unterbrechen. Um diesen Weg gehen zu können, brauchen sie allerdings die Unterstützung durch zugewandte und sensible Menschen. Verwandte, Freunde, Lehrer, spätere Partner oder Psychotherapeuten können sie dabei begleiten. Denn unsere frühen Erfahrungen lernen wir am effektivsten in der Beziehung zu anderen Menschen um. Am besten aber ist es, wenn wir bereits in den ersten Lebensjahren ausreichend gute Bedingungen vorfinden, also feinfühlige Eltern haben, die gern mit uns zusammen sind. Die verlässliche Liebe und Geborgenheit, die wir bereits als Babys und Kleinkinder erfahren, trägt uns dann durch den Rest unserer Lebensspanne. Sie ist das Gerüst, das wir brauchen, um die vielfältigen Anforderungen des Lebens mit all seinen Herausforderungen, Verlusten und Glücksmomenten bewältigen zu können.

Anmerkungen

1 Siehe Hubert Steinhaus: Hitlers pädagogische Maximen. »Mein Kampf« und die Destruktion der Erziehung im Nationalsozialismus. Lang, 1981, S. 102
2 Johanna Haarer: Die deutsche Mutter und ihr erstes Kind. J. F. Lehmanns, 1936, S. 145
3 Miriam Gebhardt: Die Angst vor dem kindlichen Tyrannen. Eine Geschichte der Erziehung im 20. Jahrhundert. DVA, 2009, S. 10
4 In: Susanne Weingarten: Von Null auf 100 Billionen. Spiegel Wissen, 3/2011
5 Erich Blechschmidt: Wie beginnt das menschliche Leben? Vom Ei zum Embryo. Befunde und Konsequenzen. Christiana Verlag, 1989, S. 30
6 In: Inge Krens (Hrsg.): Grundlagen einer vorgeburtlichen Psychologie. Vandenhoeck & Ruprecht, 2005, S. 31–48
7 Christina Berndt: Wann beginnt der Schmerz? SZ, 9.9.2011
8 Gerald Hüther, Inge Krens: Das Geheimnis der ersten neun Monate. Unsere frühesten Prägungen. Beltz, 2011
9 Peter G. Hepper and Sara Shahidullah: Development of Fetal Hearing. Archive of Disease in Childhood: Fetal and Neonatal, 1994: Band 17
10 Hüther, Krens, S. 111
11 Jenö Raffai: Nabelschnur der Seele. Psychoanalytisch orientierte Förderung der vorgeburtlichen Bindung zwischen Mutter und Kind. Psychosozial-Verlag, 2006
12 Gerhard Rottmann: Untersuchungen über Einstellungen zur Schwangerschaft und zur fötalen Entwicklung. In: G. Hans Graber (Hrsg.): Pränatale Psychologie. Kindler, 1974
13 Christoph Brezinka et al.: Denial of pregnancy: Obstetrical aspects. Journal of Psychosomatic Obstetrics and Gynecology, 1994: Band 15
14 Jonathan Seckl et al.: Transgenerational Effects of Posttraumatic Stress Disorder in Babies of Mothers Exposed to the World Trade Center Attacks during Pregnancy, Journal of Clinical Endocrinology and Metabolism, 2005: Band 90
15 Brenda L. Lundy et al.: Prenatal Depression Effects on Neonates, Journal of Infant Behavior and Development, 1999: Band 22
16 Nasreen, H-E. et al.: Low birth weight in Offspring of Women with depressive and anxiety Symptoms during Pregnancy: Results from a Population based Study in Bangladesh. BMC Public Health, 2010: Band 10
17 Harald Wurmser: Einfluss der pränatalen Stressbelastung der Mutter auf die kindliche Verhaltensregulation im ersten Lebenshalbjahr.

In: Karl Heinz Brisch, Theodor Hellbrügge (Hrsg.): Die Anfänge der Eltern-Kind-Bindung. Schwangerschaft, Geburt und Psychotherapie. Klett-Cotta, 2008

18 Felix Berth: Die Verschwendung der Kindheit. Wie Deutschland seinen Wohlstand verschleudert. Beltz, 2011

19 Allan N. Schore: Affektregulation und die Reorganisation des Selbst. Klett-Cotta, 2007

20 Douglas F. Watt: The Neuropsychology and Neurobiology of Affective Regulation: A Review of Recent Work. Journal of Consciousness Studies, 2004: Band 9

21 Karl Heinz Brisch: Bindungsstörungen: Von der Bindungstheorie zur Therapie. Klett-Cotta, 1999, S. 32

22 Sue Gerhardt: Die Kraft der Elternliebe: Wie Zuwendung das kindliche Gehirn prägt. Walter, 2006, S. 87

23 Gerhardt, S. 37

24 Norman Doidge: Neustart im Kopf. Wie sich unser Gehirn selbst repariert. Campus, 2008, S. 223

25 Gerhardt, S. 65

26 Anthony W. Bateman, Peter Fonagy: Psychotherapie der Borderline-Persönlichkeitsstörung. Psychosozial-Verlag, S. 135

27 Heinz Kohut: Narzissmus. Eine Theorie der psychoanalytischen Behandlung narzisstischer Persönlichkeitsstörungen. Suhrkamp, 1976

28 Bateman, Fonagy: S. 142

29 Prof. Dr. Silvia Wiedebusch im Interview mit der Zeitschrift Familie & Co.
www.familie.de/baby/entwicklung/artikel/so-lernt-das-kind-empathie/

30 Gunther Moll, Ralph Dawirs, Svenja Niesken, Eva Wagendristel: Hallo, hier spricht mein Gehirn. Eine Entdeckungsreise von der Zeugung bis zum Schulanfang. Beltz, 2011, S. 84

31 Hüther, Krens, S. 10

32 Anne-Ev Ustorf: Lernen, die eigenen Gefühle zu regulieren: Interview mit Allan N. Schore. Psychologie Heute Compact, 2010: Band 25, S. 32–35

33 Hanns-Josef Ortheil: Die Erfindung des Lebens. btb, 2011, S. 336

34 Monika Goetsch: Das Baby braucht ein Gegenüber: Interview mit Mechthild Papoušek. Psychologie Heute Compact, Heft 2010 (25), S. 19

35 Juliet Hopkins: The Dangers and Deprivations of too-good Mothering. Journal of Child Psychotherapy, 1996: Band 22

36 Mariam Lau: Jetzt lasst Mama mal in Ruhe. DIE ZEIT, 19/2011

37 Donald W. Winnicott: Kind, Familie und Umwelt. Reinhardt, 1999

38 Anne-Ev Ustorf: Zu gut fürs Kind?: Interview mit Judith Jackson. Psychologie Heute, 2010: Band 2, S. 48

39 In: Goetsch, S. 19
40 Ustorf: Lernen, die eigenen Gefühle zu regulieren, S. 32–35
41 In: Ustorf: Zu gut fürs Kind?, S. 46
42 In: Ustorf: Lernen, die eigenen Gefühle zu regulieren, S. 32–35
43 Sven Barnow et al.: Individual Characteristics, Familial Experience and Psychopathology in Children of Mothers with Borderline Personality Disorder. Journal of the American Academy of Child Adolescent Psychiatry, 2006: Band 45
44 Tracy Thompson: Mütter und Depression. Ursachen und Auswege. Patmos, 2007, S. 13
45 Myrna Weissman et al.: Families at High and Low Risk for Depression. A Three Generation Study. Archives of General Psychiatry, 2005: Band 62
46 Christiane Deneke et al.: Kinder in besonderen Familiensituationen. Sozialpädiatrie, 2009: Band 2
47 Florian Holsboer: Stress, Hypercortisolism and Corticosteroid Receptors in Depression. Implications for Therapy. Journal of Affective Disorders, 2001: Band 62
48 In: Ustorf: Lernen, die eigenen Gefühle zu regulieren, S. 32–35
49 Barnow et al., S. 965–72
50 Pekka Tienari: Genetic and Psychosocial Factors in Schizophrenia. The Finnish Adoptive Family Study. Schizophrenia Bulletin, 1987: Band 13
51 Karl Heinz Brisch: Safe. Sichere Ausbildung für Eltern. Klett-Cotta, 2010, S. 52
52 Lieselotte Ahnert: Wie viel Mutter braucht ein Kind? Bindung – Bildung – Betreuung: öffentlich und privat. Spektrum, 2010
53 Frank Dammasch: Immer vorwärts und nie zurück: ADHS: Krankheit oder Beziehungsstörung? Psychoanalyse Aktuell, 2007. http://www.psychoanalyse-aktuell.de/kinder/adhs.html
54 Beatrice Beebe et al.: The origins of 12-month Attachment. A Microanalysis of 4-month Mother-Infant Interaction. Attachment & Human Development, 2010: Band 12
55 Joseph LeDoux: Das Netz der Gefühle. Wie Emotionen entstehen. dtv, 2001
56 Michael Rutter et al.: Developmental Catch-up and Deficit Following Adoption after Severe Global Early Privation. Journal of Child Psychology and Psychiatry, 1998: Band 4
57 Gerhard Roth: Neurobiologische Merkmale von Gewalttätern mit antisozialer Persönlichkeitsstörung und die Frage ihrer Schuldfähigkeit. 24. Eickelborner Fachtagung, 2009

58 Scarlet Löhrke: Gewaltforschung: Woher kommt das Böse? SWR-Sendung Odysso, 15. Juli 2010
59 Zdeněk Matějček: Ehemalige Heimkinder in Adoption und Familienpflege. Erfahrungen aus der Tschechischen Republik. In: Karl Heinz Brisch, Theodor Hellbrügge: Kinder ohne Bindung. Deprivation, Adoption und Psychotherapie. Klett-Cotta, 2006
60 Peter Wawerzinek: Rabenliebe. Galiani, 2010
61 Anne-Ev Ustorf: Interview mit Peter Wawerzinek. Psychologie Heute, 2012: Heft 12, S. 81
62 Elizabeth Shirtcliff et al.: Early Childhood Stress is Associated with Elevated Antibody Levels to Herpes Simplex Virus Type 1. Proceedings of the National Academy of Sciences, 2009: Band 106, S. 2963–2967
63 Andrea Danese et al.: Childhood Maltreatment predicts Adult Inflammation in a Life-Course Study. Proceedings of the National Academy of Sciences, 2007: Band 104, S. 1319–1324
64 Gerhardt, S. 120
65 Angelo Picardi et al.: Attachment Security and Immunity in Healthy Women. Psychosomatic Medicine, 2007: Band 69, S. 40–46
66 Anne-Ev Ustorf: Sind Kinder heute psychisch labiler? Interview mit Gerd Lehmkuhl. Psychologie Heute, 2011, Heft 10, S. 44
67 Berth: Die Verschwendung der Kindheit, S. 8
68 Felix Berth: Im richtigen Moment. Wer Risikofamilien frühzeitig hilft, erspart Kindern Leid und dem Staat viel Geld – eine Klinik in Ludwigshafen macht es vor. SZ, 29./30.10.2011
69 Kathrin Bock-Famulla, Jens Lange: Länderreport Frühkindliche Bildungssysteme 2011. Transparenz schaffen – Governance stärken. Bertelsmann-Stiftung, 2011
70 Ann Kathrin Scheerer: Außerfamiliäre Betreuung im Kleinstkindesalter – Gewinn, Verlust, Gefahr? Diskussion eines sozialpolitischen Themas aus psychoanalytischer Sicht. Vortrag am Adolf-Ernst-Meyer-Institut zur Weiterbildung in der Psychotherapie am Universitätsklinikum Hamburg-Eppendorf (UKE), 10.11.2004
71 Gerhardt, S. 232
72 Ann Kathrin Scheerer: Krippenbetreuung als ambivalentes Unternehmen. Psychoanalyse Aktuell, Onlinezeitung der DPV, www.psychoanalyse-aktuell.de/kinder/fremdbetreuung.html
73 Cornelie Kister: Die Kinder-Kriegerinnen. SZ Magazin, 47/2011
74 Ursula von der Leyen im Interview mit Alice Schwarzer. Emma, März/April 2006
75 McMunn et al.: Maternal Employment and Child Socio-Emotional Behavior in the UK. Longitudinal Evidence from the UK Millennium

Cohort Study. Journal of Epidemiology and Community Health, Online First 2011: Band 1

76 Ahnert, S. 170

77 www.univie.ac.at/bildungswissenschaft/papaed/forschung/x1_FWF_Eingewoehnungsphase_in_KinderKrippe.htm

78 In: Birgitta vom Lehn: »Stress in der Krippe«. Die Welt, 11.10.2011

79 Jean Piaget: Das Weltbild des Kindes. Klett-Cotta, 1978

80 Ahnert, S. 177

81 Ahnert, S. 258

82 Tobias Fritschi, Tom Oesch: Volkswirtschaftlicher Nutzen von frühkindlicher Bildung in Deutschland. Eine ökonomische Bewertung langfristiger Bildungseffekte bei Krippenkindern. Bertelsmann-Stiftung, 2008.
Zitat: http://www.spiegel.de/schulspiegel/0,1518,539032,00.html

83 Scheerer, S. 5

84 In: Madlen Ottenschläger: Interview mit Remo H. Largo. Brigitte, 2011, Heft 27

85 Joachim Bauer: Ist Intelligenz vererbbar? Beitrag im Magazin »amPuls« des Universitätsklinikums Freiburg, November 2011

86 Martin Korte: Wie Kinder heute lernen. Was die Wissenschaft über das kindliche Gehirn weiß. DVA, 2009

87 In: Anne-Ev Ustorf: Bindung kommt vor Bildung. SZ, 6.3.2008

88 In: Susanne Weingarten: Von Null auf 100 Billionen. Der Spiegel, 3/2011

89 Howard Gardner: Kreative Intelligenz. Was wir mit Mozart, Freud, Woolf und Gandhi gemeinsam haben. Piper, 2002

90 Sroufe, L. A. et al.: The Development of the Person. The Minnesota Study of Risk and Adaptation from Birth to Adulthood. Guilford Publications, NY, 2005

91 Farah, Martha et al.: Childhood poverty. Specific associations with neurocognitive development. Brain Research, 2006: Band 1110, S. 166–174

92 Kate Pickett, Richard Wilkinson: Gleichheit ist Glück. Warum gerechte Gesellschaften besser für alle sind. Tolkemitt bei Zweitausendeins, 2010

93 John Bowlby: Das Glück und die Trauer. Herstellung und Lösung affektiver Bindungen. Klett-Cotta, 1983, S. 159

94 Klaus E. Grossmann, Karin Grossmann, Monika Winter, Peter Zimmermann: Bindungsbeziehung und Bewertung von Partnerschaft. Von früher Erfahrung feinfühliger Unterstützung zu späterer Partnerschaftsrepräsentation. In: Karl Heinz Brisch, Klaus E. Grossmann, Karin Grossmann, Lotte Köhler (Hrsg.): Bindung und seelische Ent-

wicklungswege. Grundlagen, Prävention und klinische Praxis. Klett-Cotta, 2002
95 Anne-Ev Ustorf: »Liebe ist ein gefährliches Gefühl«: Interview mit Kate White. Psychologie Heute, 2011: Heft 10
96 Kate White: Attachment and Sexuality in Clinical Practise. Karnac, 2007

Bibliographie

Ahnert, Lieselotte: Wie viel Mutter braucht ein Kind? Bindung – Bildung – Betreuung: öffentlich und privat. Spektrum, 2010

Barnow, Sven et al.: Individual Characteristics, Familial Experience and Psychopathology in Children of Mothers with Borderline Personality Disorder. Journal of the American Academy of Child Adolescent Psychiatry, 2006: Band 45

Bateman, Anthony W.; Fonagy, Peter: Psychotherapie der Borderline-Persönlichkeitsstörung. Ein mentalisierungsgestütztes Behandlungskonzept. Psychosozial-Verlag, 2008

Bauer, Joachim: Das Gedächtnis des Körpers. Wie Beziehungen und Lebensstile unsere Gene steuern. Piper, 2004

Bauer, Joachim: Ist Intelligenz vererbbar? Online-Magazin »amPuls« des Universitätsklinikums Freiburg, November 2011 http://www.uniklinik-freiburg.de/onlinemagazin/live/aktuelles/gene.html

Beebe, Beatrice et al.: The origins of 12-month Attachment. A Microanalysis of 4-month Mother-Infant Interaction. Attachment & Human Development, 2010: Band 12

Berndt, Christina: Wann beginnt der Schmerz? Süddeutsche Zeitung, 9.9.2011

Berth, Felix: Die Verschwendung der Kindheit. Wie Deutschland seinen Wohlstand verschleudert. Beltz, 2011

Berth, Felix: Im richtigen Moment. Wer Risikofamilien frühzeitig hilft, erspart Kindern Leid und dem Staat viel Geld – eine Klinik in Ludwigshafen macht es vor. Süddeutsche Zeitung, 29./30.10.2011

Blechschmidt, Erich: Wie beginnt das menschliche Leben? Vom Ei zum Embryo. Befunde und Konsequenzen. Christiana Verlag, 1989

Bock-Famulla, Kathrin; Lange, Jens: Länderreport Frühkindliche Bildungssysteme 2011. Transparenz schaffen – Governance stärken. Bertelsmann-Stiftung, 2011

Bowlby, John: Das Glück und die Trauer. Herstellung und Lösung affektiver Bindungen. Klett-Cotta, 1983 (4. Aufl. 2011)

Brezinka, Christoph et al.: Denial of pregnancy: Obstetrical aspects. Journal of Psychosomatic Obstetrics and Gynecology, 1994: Band 15

Brisch, Karl Heinz: Bindungsstörungen: Von der Bindungstheorie zur Therapie. Klett-Cotta, 1999 (11. überarb. Aufl. 2011)

Brisch, Karl Heinz; Grossmann, Klaus E.; Grossmann, Karin; Köhler, Lotte (Hrsg.): Bindung und seelische Entwicklungswege. Grundlagen, Prävention und klinische Praxis. Klett-Cotta, 2002 (3. Aufl. 2010)

Brisch, Karl Heinz; Hellbrügge, Theodor (Hrsg.): Kinder ohne Bindung. Deprivation, Adoption und Psychotherapie. Klett-Cotta, 2006 (3. Aufl. 2009)

Brisch, Karl Heinz; Hellbrügge, Theodor (Hrsg.): Die Anfänge der Eltern-Kind-Bindung. Schwangerschaft, Geburt und Psychotherapie. Klett-Cotta, 2008 (2. Aufl.)

Brisch, Karl Heinz: Safe. Sichere Ausbildung für Eltern. Klett-Cotta, 2010 (3. Aufl. 2011)

Dammasch, Frank: »Immer vorwärts und nie zurück«: ADHS: Krankheit oder Beziehungsstörung? Psychoanalyse Aktuell, 2007 http://www.psychoanalyse-aktuell.de/kinder/adhs.html

Deneke, Christiane et al.: Kinder in besonderen Familiensituationen. Sozialpädiatrie, 2009: Band 2

Danese, Andrea et al.: Childhood Maltreatment predicts Adult Inflammation in a Life-Course Study. Proceedings of the National Academy of Sciences, 2007: Band 104

Doidge, Norman: Neustart im Kopf. Wie sich unser Gehirn selbst repariert. Campus, 2008

Farah, Martha et al.: Childhood poverty. Specific associations with neurocognitive development. Brain Research, 2006: Band 1110

Fritschi, Tobias; Oesch, Tom: Volkswirtschaftlicher Nutzen von frühkindlicher Bildung in Deutschland. Eine ökonomische Bewertung langfristiger Bildungseffekte bei Krippenkindern. Bertelsmann Stiftung, 2008.
Zitat: http://www.spiegel.de/schulspiegel/0,1518,539032,00.html

Gardner, Howard: Kreative Intelligenz. Was wir mit Mozart, Freud, Woolf und Gandhi gemeinsam haben. Piper, 2002

Gebhardt, Miriam: Die Angst vor dem kindlichen Tyrannen. Eine Geschichte der Erziehung im 20. Jahrhundert. DVA, 2009

Gerhardt, Sue: Die Kraft der Elternliebe: Wie Zuwendung das kindliche Gehirn prägt. Walter, 2006

Goetsch, Monika: Das Baby braucht ein Gegenüber: Interview mit Mechthild Papoušek. Psychologie Heute Compact, 2010: Heft 25

Graber, G. Hans (Hrsg.): Pränatale Psychologie. Kindler, 1974

Grossmann, Klaus E. und Karin; Winter, Monika; Zimmermann, Peter: Bindungsbeziehungen und Bewertung von Partnerschaft. Von früher Erfahrung feinfühliger Unterstützung zu späterer Partnerschaftsrepräsentation. In: Brisch, Grossmann, Grossmann, Köhler (Hrsg.): Bindung und seelische Entwicklungswege. Grundlagen, Prävention und klinische Praxis. Klett-Cotta, 2002 (2. Aufl. 2006), S. 125–164

Haarer, Johanna: Die deutsche Mutter und ihr erstes Kind. J. F. Lehmanns, 1936

Hepper, Peter G.; Shahidullah, Sara: Development of Fetal Hearing. Archive of Disease in Childhood: Fetal and Neonatal, 1994: Band 17

Holsboer, Florian: Stress, Hypercortisolism and Corticosteroid Receptors in Depression. Implications for Therapy. Journal of Affective Disorders, 2001: Band 62

Hopkins, Juliet: The Dangers and Deprivations of too-good Mothering. Journal of Child Psychotherapy, 1996: Band 22

Hüther, Gerhard; Krens, Inge: Das Geheimnis der ersten neun Monate. Unsere frühesten Prägungen. Beltz, 2011

Kister, Cornelie: Die Kinder-Kriegerinnen. Süddeutsche Zeitung Magazin, 47/2011

Kohut, Heinz: Narzissmus. Eine Theorie der psychoanalytischen Behandlung narzisstischer Persönlichkeitsstörungen. Suhrkamp, 1976

Korte, Martin: Wie Kinder heute lernen. Was die Wissenschaft über das kindliche Gehirn weiß. DVA, 2009

Krens, Inge (Hrsg.): Grundlagen einer vorgeburtlichen Psychologie. Vandenhoeck & Ruprecht, 2005

Lau, Mariam: Jetzt lasst Mama mal in Ruhe. Die Zeit, 19/2011

LeDoux, Joseph: Das Netz der Gefühle. Wie Emotionen entstehen. dtv, 2001

Lehn, Birgitta vom: »Stress in der Krippe«. Die Welt, 11.10.2011

Löhrke, Scarlet: Gewaltforschung: Woher kommt das Böse? SWR-Sendung Odysso vom 15. Juli 2010

Lundy, Brenda L. et al.: Prenatal Depression Effects on Neonates, Journal of Infant Behavior and Development, 1999: Band 22

Matějček, Zdeněk: Ehemalige Heimkinder in Adoption und Familienpflege. Erfahrungen aus der Tschechischen Republik. In: Brisch, Hellbrügge (Hrsg.): Kinder ohne Bindung. Deprivation, Adoption und Psychotherapie. Klett-Cotta, 2006 (2. Aufl. 2007), S. 169–182

McMunn, Anne et al.: Maternal Employment and Child Socio-Emotional Behavior in the UK. Longitudinal Evidence from the UK Millennium Cohort Study. Journal of Epidemiology and Community Health, Online First 2011: Band 1

Moll, Gunther; Dawirs, Ralph; Niesken, Svenja; Wagendristel, Eva: Hallo, hier spricht mein Gehirn. Eine Entdeckungsreise von der Zeugung bis zum Schulanfang. Beltz, 2011

Nasreen, H-E. et al.: Low birth weight in Offspring of Women with depressive and anxiety Symptoms during Pregnancy: Results from a Population based study in Bangladesh. BMC Public Health, 2010: Band 10

Ortheil, Hanns-Josef: Die Erfindung des Lebens. btb, 2011

Ottenschläger, Madlen: Interview mit Remo H. Largo. Brigitte, 27/2011

Piaget, Jean: Das Weltbild des Kindes. Klett-Cotta, 1978

Picardi, Angelo et al.: Attachment Security and Immunity in Healthy Women. Psychosomatic Medicine, 2007: Band 69

Pickett, Kate; Wilkinson, Richard: Gleichheit ist Glück. Warum gerechte Gesellschaften besser für alle sind. Tolkemitt bei Zweitausendeins, 2010

Raffai, Jenö: Nabelschnur der Seele. Psychoanalytisch orientierte Förderung der vorgeburtlichen Bindung zwischen Mutter und Kind. Psychosozial-Verlag, 2006

Rass, Eva: Bedeutungsaspekte einer mütterlichen Depression für die Selbstentwicklung des Kindes. Selbstpsychologie, 2001: Heft 5/6

Rass, Eva: Bindung und Sicherheit im Lebenslauf. Psychodynamische Entwicklungspsychologie. Klett-Cotta, 2011 (2. Aufl. 2012)

Roth, Gerhard: Neurobiologische Merkmale von Gewalttätern mit antisozialer Persönlichkeitsstörung und die Frage ihrer Schuldfähigkeit. 24. Eickelborner Fachtagung, 2009

Rottmann, Gerhard: Untersuchungen über Einstellungen zur Schwangerschaft und zur fötalen Entwicklung. In: G. Hans Graber (Hrsg.): Pränatale Psychologie. Kindler, 1974

Rutter, Michael et al.: Developmental Catch-up and Deficit Following Adoption after Severe Global Early Privation. Journal of Child Psychology and Psychiatry, 1998: Band 4

Scheerer, Ann Kathrin: Außerfamiliäre Betreuung im Kleinstkindesalter – Gewinn, Verlust, Gefahr? Diskussion eines sozialpolitischen Themas aus psychoanalytischer Sicht. Vortrag am Adolf-Ernst-Meyer-Institut zur Weiterbildung in der Psychotherapie am Universitätsklinikum Hamburg-Eppendorf (UKE), 10.11.2004

Scheerer, Ann Kathrin: Krippenbetreuung als ambivalentes Unternehmen. Psychoanalyse Aktuell, Onlinezeitung der DPV, www.psychoanalyse-aktuell.de/kinder/fremdbetreuung.html

Schore, Allan N.: Affektregulation und die Reorganisation des Selbst. Klett-Cotta, 2007 (2. Aufl. 2009)

Schwarzer, Alice: Interview mit Ursula von der Leyen. Emma, 2006: Heft 2

Seckl, Jonathan et al.: Transgenerational Effects of Posttraumatic Stress Disorder in Babies of Mothers Exposed to the World Trade Center Attacks during Pregnancy. Journal of Clinical Endocrinology and Metabolism, 2005: Band 90

Shirtcliff, Elisabeth et al.: Early Childhood Stress is Associated with Elevated Antibody Levels to Herpes Simplex Virus Type 1. Proceedings of the National Academy of Sciences, 2009: Band 106

Sroufe, L. A. et al.: The Development of the Person. The Minnesota Study of Risk and Adaptation from Birth to Adulthood. Guilford Publications, 2005

Steinhaus, Hubertus: Hitlers pädagogische Maximen. »Mein Kampf« und die Destruktion der Erziehung im Nationalsozialismus. Lang, 1981

Thompson, Tracy: Mütter und Depression. Ursachen und Auswege. Patmos, 2007

Tienari, Pekka: Genetic and Psychosocial Factors in Schizophrenia. The Finnish Adoptive Family Study. Schizophrenia Bulletin, 1987: Band 13

Ustorf, Anne-Ev: Interview mit Allan N. Schore. Psychologie Heute Compact, 2010: Band 25

Ustorf, Anne-Ev: »Liebe ist ein gefährliches Gefühl«: Interview mit Kate White. Psychologie Heute, 2011: Heft 10

Ustorf, Anne-Ev: Zu gut fürs Kind?: Interview mit Judith Jackson. Psychologie Heute, 2010: Band 2

Watt, Douglas F.: The Neuropsychology and Neurobiology of Affective Regulation: A Review of Recent Work. Journal of Consciousness Studies, 2004: Band 9

Wawerzinek, Peter: Rabenliebe. Galiani, 2010

Weingarten, Susanne: Von Null auf 100 Billionen. Der Spiegel, 3/2011

Weissman, Myrna et al.: Families at High and Low Risk for Depression. A Three Generation Study. Archives of General Psychiatry, 2005: Band 62

White, Kate: Attachment and Sexuality in Clinical Practise. Karnacs, 2007.

Wiedebusch, Silvia: Interview mit der Zeitschrift Familie & Co.
www.familie.de/baby/entwicklung/artikel/so-lernt-das-kind-empathie/

Winnicott, Donald W.: Kind, Familie und Umwelt. Reinhardt, 1999

Wurmser, Harald: Einfluss der pränatalen Stressbelastung der Mutter auf die kindliche Verhaltensregulation im ersten Lebenshalbjahr. In: Brisch, Hellbrügge (Hrsg.): Die Anfänge der Eltern-Kind-Bindung. Schwangerschaft, Geburt und Psychotherapie. Klett-Cotta, 2008 (2. Aufl.), S. 129–156

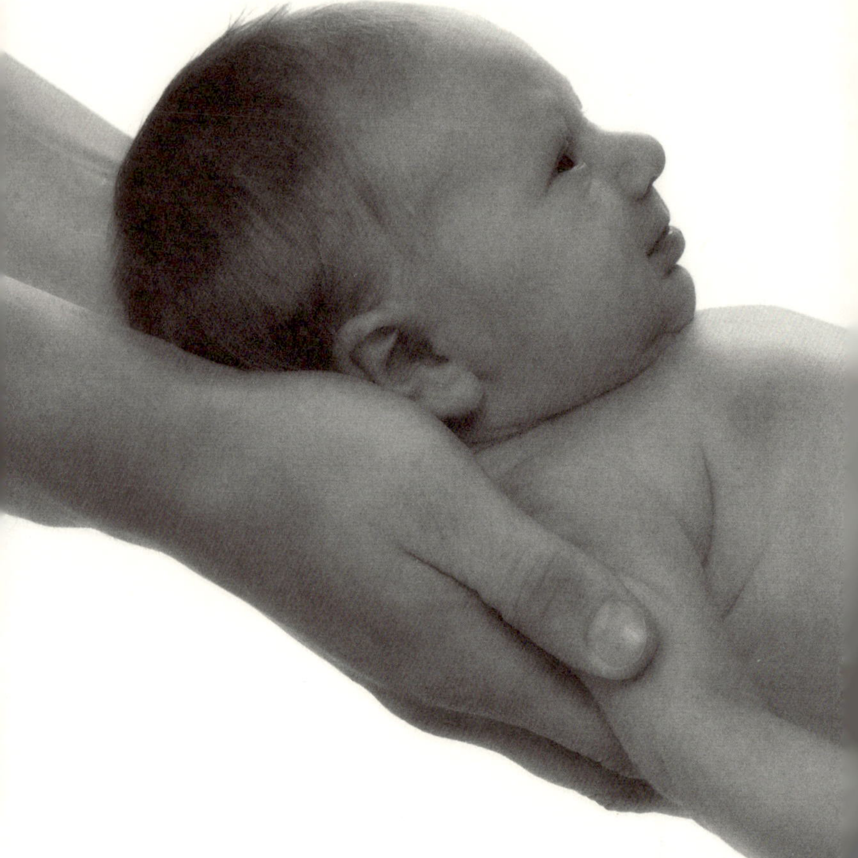